METAFÍSICA ACTUALIZADA
ACTUALIZADA
Enseñanza del Tercer Milenio

100 años de Sabidurías

COLECCIÓN DEL CANAL INFINITO:

1- **PROFECÍAS MAYAS** / Darío Bermúdez
2- **NIÑOS ÍNDIGO** / Sandra Aisenberg y Eduardo Melamud
3- **KABALÁH** / Ione Szalay
4- **FENÓMENOS PARANORMALES** / Alejandro Parra
5- **CALENDARIO MAYA** / Claudia Federica Zosi
6- **ENSEÑANZAS DE LOS ISHAYAS** / Sakti Ishaya, Bhushana Ishaya y Durga Ishaya
7- **I CHING** / Gustavo Rocco
8- **HATHA YOGA** / David Lifar
9- **ENERGÍA** / Mónica Simone y Jorge Bertuccio
10- **ESENCIAS FLORALES** / Bárbara Espeche
11- **GRAFOLOGÍA** / Susana Tesouro de Grosso
12- **RADIESTESIA** / P. Ricardo Luis Gerula
13- **MER-KA-BA** / Bernardo Wikinski
14- **REIKI** / Mónica Simone y Jorge Bertuccio
15- **FENG SHUI** / Sergio Chagas
16- **QI GONG** / Mario Schwarz
17- **NIÑOS CRISTAL** / Sandra Aisenberg y Eduardo Melamud
18- **ADULTOS ÍNDIGO** / María Monachesi y Bárbara Limoncelli
19- **FUEGO, AIRE, AGUA Y TIERRA** / Ana Lía Ríos
20- **REENCARNACIÓN Y DESTINO** / Ione Szalay
21- **RUNAS** / Fabiana Daversa
22- **ANTROPOSOFÍA** / Roberto Crottogini
23- **CALENDARIO MAYA 2** / Claudia Federica Zosi
24- **AURA** / Bernardo Wikinski
25- **NUMEROLOGÍA** / Mirta Izquierdo, Mirta Pueyo y Carlos Menéndez
26- **TAROT 1: ARCANOS MAYORES** / Beatriz Leveratto
27- **TAROT 2: ARCANOS MENORES** / Beatriz Leveratto
28- **ALMAS GEMELAS** / Patricia H. Azulay
29- **CHAMANISMO** / Amalia Bassedas
30- **DICCIONARIO ESOTÉRICO** / Miguel Andreux
31- **GUÍA 1 – UNA SAGRADA EXPEDICIÓN AL REINO DE LOS ÁNGELES** / H. Cjaskowski
32- **GUÍA 2 – UNA MÍTICA TRAVESÍA AL REINO DE LOS DUENDES Y LAS SIRE-NAS** / Hania Cjaskowski
33- **GUÍA 3 – UNA HEROICA CRUZADA AL REINO DE LAS HADAS Y LOS DRAGO-NES** / Hania Cjaskowski
34- **CARTAS MÁGICAS** / Hania Cjaskowski
35- **RASTAFARIS** / Darío Bermúdez
36- **EGIPTO REVELADO** / Fernando Schwarz
37- **REBIRTHING** / Claudia Dorda
38- **GEMOTERAPIA** / Bernardo Wikinski
39- **TAO Y SEXO** / Miguel Marlaire
40- **SUEÑOS** / Alejandro Parra
41- **YOGA Y ENERGÍA SEXUAL** / Edgardo Caramella
42- **ANATOMÍA ENERGÉTICA** / Livio J. Vinardi
43- **METAFÍSICA** / Rubén Cedeño
44- **SER ÍNDIGO** / Sandra Aisenberg, Eduardo Melamud
45- **CONCIENCIA MAYA** / Claudia Federica Zosi
46- **EMF BALANCING TECHNIQUE** / Dana Tir, Gabriel Demaio, Adriana Nievas
47- **CREENCIAS** / Jimena Hernández, Carina Michelli
48- **MENSAJES DE KRYON** / Dana Tir, Gabriel Demaio, Adriana Nievas
49- **FOBIAS, ESTRÉS Y PÁNICO** / Carlos Scardulla
50- **¿CASUALIDADES?** / Karina Muzzupappa

METAFÍSICA ACTUALIZADA

Enseñanza del Tercer Milenio

Rubén Cedeño

Mentalismo, Siete Rayos, Shamballa, Rayo Violeta,
Saint Germain, Nueva Era y muchos temas más

Por el único discípulo vivo de Conny Méndez

Colección

del Canal Infinito

Cedeño, Rubén
   Metafísica actualizada : enseñanza del tercer milenio / Rubén Cedeño ; dirigido por Darío Bermúdez - 1a ed. 3a reimp. - Buenos Aires :
   Kier, 2008.   160 p. ; 20x14 cm. (Infinito dirigida por Darío Bermúdez)

   ISBN 978-950-17-7043-8

   1. Metafísica. I. Bermúdez, Darío, dir. II. Título
   CDD 110.

Diseño de tapa:
www.rossidisegno.com
Director de arte:
Carlos Rossi
Director de la Colección:
Darío Bermúdez
Corrección:
Luciana Delfabro
Diagramación de interiores:
Mari Suárez
Sitio web Infinito:
www.infinito.com
LIBRO DE EDICION ARGENTINA
ISBN 978-950-17-7043-8
Queda hecho el depósito que marca la ley 11.723
© 2008 by Editorial Kier S.A., Buenos Aires
Av. Santa Fe 1260 (C 1059 ABT), Buenos Aires, Argentina.
Tel: (54-11) 4811-0507   Fax: (54-11) 4811-3395
http://www.kier.com.ar - E-mail: info@kier.com.ar
Impreso en la Argentina
Printed in Argentina

Palabras preliminares
a la presente Colección

ASOMBRO CONSTANTE

En este preciso momento, mundos invisibles cruzan en silencio nuestra realidad, moldeándola como si fuera de arcilla y manejándola como una marioneta. La sospecha se confirma: un aprendizaje mayor espera ser develado a cada instante.

Mientras la ciencia misma se abre a un nuevo paradigma, se redescubren *flamantes* caminos milenarios. En busca de la libertad que da el conocimiento, cada vez más personas se interesan por una cirugía existencial. Ya no se cae en el error de *ajustar el territorio al mapa*, sino al revés. Los dogmas se dejan de lado y la exploración extiende los horizontes, con amplitud y a la vez con rigor.

Por consiguiente, hay una atracción por analizar el reverso del mundo, ese "revés de la trama" que guarda tanta información útil para la vida cotidiana. ¿Quién mejor que el único canal de TV dedicado las 24 horas a indagar "el otro lado" de la realidad, junto a la editorial más reconocida del sector en toda Hispanoamérica para hacerlo posible?

Es muy probable que seamos más sobrenaturales de lo que estamos dispuestos a admitir. En este escenario, la búsqueda se vuelve encuentro, una especie de coartada para evolucionar en algún sentido.

Esta serie de títulos ofrece la visión de especialistas e investigadores que favorecen la apertura de conciencia, reformulando tópicos de pensamiento, propiciando hallazgos y facilitando el ingreso en los misterios y las enseñanzas que el canal pone a diario en pantalla. Acercando no sólo respuestas, sino también los interrogantes adecuados.

El lector encontrará señales para mejorar el estado atlético de la reflexión y la evaluación, y así podrá llegar después a la experiencia, individual e intransferible.

Es muy placentero contribuir a abrir la mente. Agradezco la confianza de los directores del Canal Infinito y de la editorial Kier para concretar este proyecto, y la disposición de los autores hacia el objetivo común. Bienvenidos.

Darío Bermúdez
Director de la Colección – Bs. As., febrero de 2003

Darío Bermúdez es escritor y documentalista. Fundó "Búsqueda", medio de investigación en filosofía, arte y misticismo, y también dirige la "Colección de Kabaláh Contemporánea". Obtuvo varios premios como guionista (The New York Festivals, Lápiz de Oro, Promax de Oro y de Plata, etc.). En esta colección publicó "Profecías mayas - Increíbles revelaciones para nuestra época", que agotó rápidamente sus primeras ediciones, y el reciente "Rastafaris - La mística de Bob Marley".Entre otros, produjo los documetales "Egipto revelado", "Rastafaris" y "Crimen y redención" en las cárceles argentinas, para la señal de TV Infinito.

Presentación

Por Sebastián Wernicke

La "Metafísica" es una actividad de expansión de luz y enseñanza, que miles de personas libres llevamos adelante en el mundo entero, sin considerarla una organización a la que haya que pertenecer, ni una nueva religión o secta. Esta actividad tuvo sus inicios en Caracas, Venezuela, donde Conny Méndez comenzó a fundar grupos de Metafísica, y luego en Miami, Santo Domingo y Ecuador. Para hacer esto, bajo la instrucción personal del Maestro Saint Germain, Conny bebió de la fuente espiritual de las enseñanzas dadas por los Maestros Ascendidos a través de la "Actividad Yo Soy" y de "El Puente a la Libertad" en Los Estados Unidos de Norteamérica y de las enseñanzas de Emmet Fox, quien también nutrió a la Escuela Unity. Conny no solamente se dedicó a difundir estas enseñanzas a través de sus clases y conferencias, sino que se abocó a la tarea de traducir al castellano el "Libro de Oro de Saint Germain" y los capítulos de Emmet Fox que aparecen en "Te regalo lo que se te antoje", abriendo las puertas de esta sabiduría trascendental a todas las personas de habla hispana.

Conny formó a varios de los participantes de sus grupos como

Facilitadores de la enseñanza; algunos de ellos siguieron adelante con este legado. Éste es el caso de Rubén Cedeño, integrante del primer grupo metafísico de Caracas. A los pocos meses de comenzar a recibir sus clases, a los 17 años de edad, empezó a facilitar la enseñanza. Rubén tuvo la bendición de acompañar a Conny Méndez asistiendo en las tareas de publicación de libros y conferencias durante los últimos 10 años de su vida. La Metafísica de Conny Méndez se centró en transmitir en "palabras de a centavo" el conocimiento y aplicación de los *Siete Principios Universales*, como fueron explicados por Hermes Trimegisto; la vivencia del *Cristo Interno* y la Presencia *Yo Soy*; el uso y aplicación de la *Llama Violeta* y la existencia de los Maestros Ascendidos, con una aproximación introductoria a esta realidad.

De esta manera, la "Metafísica Cristiana" de Emmet Fox evoluciona y sube un escalón con la "Metafísica" de Conny Méndez, sin abandonar las raíces religiosas, y ésta vuelve a evolucionar y ascender otro escalón con la "Metafísica Actualizada del Tercer Milenio", fruto del trabajo y la entrega incansable de Rubén Cedeño, quién en el año 1993 renuncia definitivamente a su carrera profesional como cantante y maestro de música, para dedicarse por completo a difundir todas estas enseñanzas por el mundo entero a través de conferencias, viajes de instrucción, publicación masiva de libros y material didáctico para los grupos. Cedeño se dedica a esta tarea desde hace más de 35 años. De este modo, siguió adelante con el trabajo comenzado por Conny, compilando todas las obras del Maestro Saint Germain y los dictados de los Maestros Ascendidos a través del *Puente a la Libertad*, incorporando al programa de estudios *La Jerarquía Espiritual de Shamballa, los Retiros Etéricos, las Llaves Tonales*, el uso y aplicación de los *Siete Rayos, los Siete Cuerpos, los Siete Aspectos de Dios* y el *Espíritu Envolvente* de cada año.

Sus viajes de investigación por el mundo comenzaron siendo él muy joven, con el fin de visitar los lugares de la tierra de importancia metafísica, histórica y religiosa, para absorber de la propia fuente la esencia de las más grandes religiones de las eras pasadas, como el Cristianismo, Judaísmo, Buddhismo, Hinduismo, Confucianismo, Islam, Jainismo, Sikhismo, Egipcianismo, así como también todos los lugares donde fueron descargadas las enseñanzas de la Nueva Era a través de la Actividad Yo Soy y el Puente a la Libertad. Como legado y síntesis de esta ardua investigación, simplificó las enseñanzas del Señor Gautama y libros de sabiduría como el Bagavad Guita y la Biblia Cristiana. A esta labor, le incorporó la sabiduría de las edades descargada en las más grandes escuelas espirituales fundadas por la Jerarquía Espiritual, como la Teosofía, la Escuela Arcana y la Fraternidad Rosacruz de Max Heindel. Algunos de sus agregados contemplan la creación del universo, los esquemas de evolución y las razas, homogeneizando, profundizando y sintetizando las enseñanzas dadas por los Maestros Ascendidos para la Nueva Era y transmutando los conceptos de karma, pecado y culpa hacia la no condenación y el uso de la Llama Violeta, propicia para redimir los errores. A todo este universo de enseñanzas espirituales tan variadas en origen, temática y profundidad, Cedeño dio un orden pedagógico invaluable para los estudiantes metafísicos que corrían el peligro de ahogarse entre tanta información.

Millones de personas en el mundo entero han sido tocadas en las fibras más profundas de sus corazones por la luz y el amor de los Maestros Ascendidos, Arcángeles y Seres de Luz a través de estas Enseñanzas. De acuerdo a los lineamientos de la nueva Religión Ceremonial del Séptimo Rayo, instaurada por el Maestro Saint Germain como "avatar de la Era de Acuario" y Dios de la libertad, han surgido cientos de grupos y escuelas espirituales en el mundo entero con diferentes denominaciones, que funcionan libremente sin pertenecer a una organización formal y que trabajan en la realización del Plan que los Maestros conocen y al que sirven. Asimismo, hay millones de metafísicos en el mundo entero que no tienen comunicación directa con Rubén Cedeño pero se sienten parte de esta línea discipular que comenzó Conny Méndez bajo los auspicios del Maestro Saint Germain.

Todas las personas en el mundo entero que abracen estas enseñanzas y las pongan en práctica son metafísicos, pero más importante que eso, todo ser humano es nuestro hermano y juntos somos parte de una misma familia. La Religión Ceremonial del Séptimo Rayo es interna y grupal, y su único Maestro es la *Presencia Yo Soy* de cada Ser. Su grupo es la humanidad de la mano de todos los reinos ascendidos y no ascendidos cuyo lema es unidad, verdad y libertad, lo que significa, unidad de toda la familia humana, ángeles, elementales y Maestros ascendidos, interrumpiendo la creación de organizaciones que separen a unos de otros. La verdad es la piedra fundamental que terminará con fanatismos, dogmas, reglas, creencias y manipulaciones a través del engaño, la mentira y la intriga. La libertad es la herramienta de cada ser humano para cumplir con su *Propósito Divino* bajo la luz y guía de su amada *Presencia Yo Soy*, dejando de pertenecer a organizaciones e instituciones creadas por el ser humano y para el ser humano como una prisión, más que como un verdadero sendero de redención.

La Metafísica Actualizada del Tercer Milenio sigue siendo para miles de metafísicos en el mundo entero un corazón de energía al que voluntariamente nos conectamos para alimentar y expandir coordinadamente nuestra labor de servicio.

Capítulo 1
Metafísica

Metafísica quiere decir *"más allá de lo físico"*. Es la ciencia que estudia todo aquello que existe, pero que no se ve ni se toca, que trata todo lo que es invisible a los sentidos físicos. Madre de todas las filosofías, religiones, ciencias y movimientos de autoayuda, común a todas las enseñanzas y religiones, trata del *arte de ser feliz*. Es una filosofía práctica para la vida diaria, que tiene como base el conocimiento de uno mismo y el comprender que nuestras vidas están determinadas por el *Plan divino de perfección*. La Metafísica se ocupa de resolver los problemas de la vida, nos hace conscientes de nuestros actos y nos enseña que la mente es un poder que –con la práctica de los *Siete Principios Universales, los Siete Aspectos de Dios* o *Siete Rayos y el Cristo Interno*– puede ser utilizado para orientar la vida constructivamente.

La Metafísica no es propiedad exclusiva de nadie. Nos pertenece a todos por igual, seamos cristianos o de cualquier otra religión, teósofos, esotéricos, Nueva Era o de otra tendencia. El término "Metafísica" es un nombre genérico, de libre uso. El pensamiento metafísico no tiene fronteras ni dueño. Si miramos retrospectivamente nos daremos cuenta, que todas las revelaciones dadas por los Teósofos, Rosacruces, la Escuela Arcana, la Actividad *Yo Soy*, el *Puente a la Libertad*, son Metafísica, ya que todos sus estudios van más allá de la física.

La Metafísica es una enseñanza que está en los libros pero no tiene gurú, director, oficinas ni autoridad externa. Sus enseñanzas son sin fines de lucro, sin proselitismo ni movimientos que llamen la atención de la gente. La Metafísica no tiene principio ni fin, porque va más allá de los opuestos y puede ampliarse o reducirse de acuerdo a la limitación o amplitud del ser humano.

La Metafísica ha llegado tanto a las personas de escasos conocimientos intelectuales, como también a aquellas de la más exigente intelectualidad. Forma el pensamiento filosófico de millones de personas en el mundo, sin ir en contra de las bases religiosas, costumbristas y morales que han caracterizado a los pueblos a través de su historia.

La Metafísica no se ocupa de ninguna práctica mediumnímica, adivinatoria, extrasensorial; ni de aquellas que exaltan lo paranormal. Sin embargo, respeta estas actividades inmensamente, ya que hay muchos que las practican y hacen uso de la Metafísica. La metafísica no critica ni condena a ninguna escuela espiritual, filosofía, religión, grupo social, partido político ni orientación sexual.

La Metafísica no es una secta, escuela, religión o creencia particular de alguna minoría, es una enseñanza planetaria, no proclama ni impone nacionalismos ni guías, no tiene rector, gurú ni Papa. La metafísica en cada país, la imparten personas oriundas de esa nación, en forma libre y espontánea. La Metafísica se hace propaganda a sí misma. Si el que estudia metafísica está feliz y le gusta, esa misma persona pasa la voz y atrae más gente. "No hay mejor propaganda que la de un practicante satisfecho".

Grandes y memorables filósofos han hablado de Metafísica. Hermes es el revelador egipcio de los *Siete Principios Universales* que conforma uno de los estudios básicos de la Metafísica; Pitágoras fue el revelador de las matemáticas, geometría y música, tanto física como metafísica o ultra-cósmica; el Buddha Gautama enseñó cómo adquirir la Iluminación mediante la realización del Ser; Jesús, con toda su enseñanza fue un tratado de Metafísica donde abordó la Ontología al definir quién es el *Yo Soy*. Como Teólogo reveló a Dios y como Gnoseólogo brindó la teoría del conocimiento, sobre el modo de llegar a la verdad que da la libertad a los hombres; Santo Tomás expresó que la Metafísica tenía por objeto el estudio de las causas primeras; Hegel consideró la Metafísica Teológica con la misma finalidad que la religión; Kant definió la Metafísica como "el estudio del Todo" que, a la larga, conduce a obtener los principios generales de todas las ciencias.

Durante la primera mitad del siglo XX, el doctor anglo-americano Emmet Fox dio a conocer esta ciencia de forma popular, poniéndola en términos simples y haciéndola accesible a todo el mundo para liberar de sus problemas a todo aquel que la estudie. Popularmente se ha denominado Metafísica a las enseñanzas dadas por la ilustre compositora y escritora caraqueña Conny Méndez, expuestas en su serie de libros escritos en un lenguaje coloquial de tanta sencillez que la autora denominó criollamente "palabras de a centavo".

Desde el siglo diecinueve a hoy, por medio de siete escuelas espirituales, en donde la Metafísica es la séptima de ellas, se concentró de la enseñanza Metafísica.

La Metafísica no va en contra de ninguna religión; ama y respeta profundamente el catolicismo como religión materna de casi todo el hemisferio occidental, y como tal, pone en práctica las enseñanzas de Jesús acerca de perdonar, no criticar ni condenar a nadie. La Metafísica se ha estudiado en todas las universidades, seminarios católicos y escuelas religiosas como filosofía desde siempre.

Cuando la Metafísica y sus exponentes han sido atacados o condenados, siempre responden **perdonando**, y con ello ponen en práctica las enseñanzas del maestro Jesús.

Decir que una religión está en contra de la Metafísica significa que no contempla el estudio de Dios, el Ser y el conocimiento. Por eso, jamás se podría decir que el Cristianismo u otra religión puede estar en contra de la Metafísica. Todos los creyentes en Dios, los Santos, los ángeles, los mundos sutiles y sus leyes, son metafísicos.

ESCUELAS

Jesús decía: **"En la casa del Padre muchas mansiones hay"**; la Metafísica es una más. Ésto hay que tenerlo siempre presente para no hacernos fanáticos. A las personas que pertenecen a otras escuelas o grupos, no se los critica. No es nuestro asunto.

Pueden existir muchos grupos espirituales o esotéricos, pero señores: Cada cual tiene derecho a vivir y estudiar como le plazca. No tenemos porqué criticarlos; ellos no tienen porqué pensar como nosotros; ni siquiera escuelas afines, como pueden ser el "Puente a la Libertad" u otras, tienen que ser iguales a las nuestras; ese es el parecer de cada cual.

Esta enseñanza no nos da tiempo para ocuparnos de otras escuelas; no tenemos tiempo para estar criticando a otros grupos de la "Nueva Era" evangélicos, musulmanes, judíos u otras escuelas parecidas. Todo el tiempo libre que tenemos lo ocupamos para la expansión de la luz.

MANDAMIENTOS METAFÍSICOS

1. Vivir de acuerdo al Plan divino de perfección que es Dios.

2. Pensar y actuar siempre en positivo.

3. Ser un sol de amor para cada corazón.

4. Usar correctamente el nombre de Dios "*Yo Soy*".

5. Reconocer el Cristo en uno, en cada ser humano y en toda vida.

6. Perdonar a todo aquel que necesite nuestro perdón.

7. Cumplir con los *Siete Principios Universales*.

8. Conocer los *Siete Cuerpos*.

9. Desenvolver los *Siete Aspectos de Dios*.

10. Honrar a la *Jerarquía Espiritual*.

11. Respetar a todo aquel que nos ha enseñado.

12. Avanzar siempre hacia arriba y adelante.

PLAN DIVINO

Dios es la Energía pura e incalificada que permite que todas las cosas existan, se muevan, tengan inteligencia, amor y voluntad de existir. Podríamos decir que Dios es la esencia y plenitud del Ser: La existencia, Existir, la luz, el sonido, todo en uno. No hay absolutamente nada que no sea Dios. Dios es el todo en todas las cosas.

A Dios muchas veces se le dice el *absoluto* porque es todas las cosas vistas como un solo Ser. Dentro del cuerpo de Dios están contenidos también los seres humanos y especialmente esa chispa divina nuestra, llamada el *Cristo Interior*. También dentro de Dios se encuentran el reino animal, vegetal y mineral, al igual que los cuatro elementos, agua, tierra, aire y fuego, en todas sus manifestaciones; los planos de existencia, sean éstos visibles o invisibles; el planeta tierra y los planetas de nuestro sistema solar; los sistemas solares de nuestra galaxia y todas las galaxias del Cosmos. Más aún, dentro del cuerpo de Dios, está contenido aquello que no se considera existencia llamado *inmanifestación*.

Hay algo extraordinario en todo esto, y es que eres el hijo de Dios, que es el rey de toda la Naturaleza. Si Dios es el rey y tú eres su hijo, date cuenta que eres un príncipe. Por lo tanto, tú puedes disponer, al igual que los príncipes, cómo ha de ser tu mundo y tu rededor, siempre y cuando tu decisión no dañe a otras personas.

Dios revela su nombre en la Biblia, cuando Moisés, al pie del Monte Horeb se lo pregunta y Él responde textualmente: *"Yo Soy el que Yo Soy."* Dios, no es un ser antropomórfico montado en una nube, viendo a quién premia o castiga arbitrariamente, tampoco es una palabra que el mismo ser humano ha corrompido al matar, perseguir, dividir, usurpar y agredir en su nombre. La verdadera energía, no tiene nada que ver con tantas cosas que la mente le atribuye.

A Dios como *trascendente* lo tenemos en el Cosmos, en el Todo, que es uno e indivisible por virtud de una Ley oculta llamada *Principio de Correspondencia* que dice: "Como es arriba, es abajo"; a Dios *inmanente* lo tenemos dentro de nuestro corazón.

El mal no existe. Es imposible que si Dios es amor y es perfecto, contenga dentro de sí algo malo. Si en Dios no existe el mal, no puede generar mal ni daño alguno en ninguna parte de la creación, y mucho menos a ti. Dios es el bien y sólo genera el bien. Por lo tanto, la mala suerte o el destino fatal no existen.

Dios no tiene principio ni fin. Él nunca te va a decepcionar ni a dejarte solo, porque donde tú estés, Él está. Te sientas triste o contento, seas bueno o malo, Dios está contigo. Lo único que te separa de Dios es tu mente. Nuestro objetivo va por encima de la mente, va directamente hacia Dios; Él está en un plano muy superior a tu mente, a tus emociones y a tu cuerpo físico. En ese plano superior donde no hay más mente, emociones ni cuerpo, solamente está Dios. Él es la única presencia, el único poder, la única sustancia, la única energía, lo único existente en todo lo manifestado. De allí se genera todo lo demás.

El Dios al cual invocan los cristianos, hinduistas e islámicos es el mismo Dios, la misma inteligencia, la mente suprema, mas allá del nombre que se le dé.

Todo lo que ha pasado, pasa y pasará en tu vida y en la de los demás no está originado por la suerte o el destino sino por cuatro factores: *La mente, el Plan divino, el karma y el perdón.*

El Plan divino de perfección es el cumplimiento de la **voluntad de Dios** para cada uno de nosotros. Esto siempre es algo bueno, bello, puro y perfecto, que nos causa completa felicidad cuando lo realizamos, consiste en vivir bien, con inteligencia, amando y siendo amados, siempre hermosos, saludables y felices, prósperos, con la provisión de toda cosa buena, con el total de nuestras necesidades cubiertas y libres de toda atadura, para nuestro bien y para el de todas las corrientes de vida que nos rodean. La vida de todos nosotros está determinada básicamente por el *Plan divino de perfección*.

Toda persona, condición y cosa, por encima del poder transformador de la mente y el *karma*, puede realizar y gozar de lo que se llama un *Plan divino de perfección*. Los sucesos de la vida de todos los seres humanos están determinados por el *Plan divino de perfección* como base. Este se cumple de manera impecable pero puede ser modificado negativamente por el *karma*, el Principio de **causa y efecto**, y por la *mente* (unida a los sentimientos). Mediante el cambio positivo de nuestra mente, con el uso de la **Ley del Perdón, Práctica del Cristo y La Oración** podemos volver al estado de felicidad y armonía de nuestro *Plan divino de perfección*. Todo individuo que desee incursionar en estos estudios, conocerse a sí mismo y resolver sus problemas, puede abocarse al estudio de estos factores y ponerlos en práctica. Esto es lo más importante que hará en toda su encarnación. Así verá que su vida cambiará, más allá la suerte o el destino.

Es importante tener claro que Dios, en cualquiera de sus formas de expresión, actúa siempre para **el bien**, sosteniendo para cada uno de nosotros lo que es el *Plan divino de perfección* que es el deseo de Dios, puro y perfecto. De este modo, se cumplirá en nuestra vida sólo lo bueno, lo que nos hace felices aquello que al realizarlo siempre nos da alegría.

*El **Plan** divino* del ser humano es llegar a ser "Maestro de la vida", dueño absoluto de las circunstancias. Por lo tanto, el **Plan divino de perfección** lo cumplimos al vivir de acuerdo a los *Siete Aspectos de Dios, las Siete Leyes* y en el *conocimiento propio,* a través de la *consciencia de los Siete Cuerpos Invisibles.* Muchas veces, uno se encamina hacia su **Plan divino** de forma casi instintiva; cuando esto sucede, es lo mejor que a uno le puede pasar. Pero en otras ocasiones, nosotros mismos vamos en contra de nuestro **Plan divino de perfección.**

Debemos tener cuidado de no entorpecerles la realización de su **Plan divino** a otras personas, especialmente a los niños, imponiéndoles nuestra voluntad. Así como toda persona tiene su **Plan divino,** también lo tienen las organizaciones, ciudades, países, continentes y hasta el planeta Tierra, cuyo **Plan Divino** es convertirse en una *estrella de luz,* un lugar lleno de armonía, donde se pueda vivir en completa felicidad.

Si te sientes infeliz, significa que no estás llevando a cabo tu **Plan divino de perfección** y estás yendo en contra de las Leyes divinas de la Naturaleza. Esto lo puedes corregir poniendo en práctica lo que estás aprendiendo. A través de la mente, el poder del decreto y aplicando la **Ley del Perdón y la Oración,** puedes hacer que se manifieste el **Plan divino de perfección.** Tú tienes un **Plan divino de perfección** que es ser feliz en tu vida. Afirma: "*Yo Soy* decretando el cumplimiento de mi **Plan divino de perfección,** para que se manifieste en el mundo, trayendo hacia mí felicidad, amor, paz, tranquilidad y la armonía que requiero".

Capítulo 2
Siete Principios

La vida tiene un *orden* que se expresa en el cumplimiento de los *Siete Principios Universales* que siempre se manifiestan. Como a veces los desconocemos, vivimos contraviniéndolos. Si te entrenas, conociendo estas leyes de la vida y poniéndolas en práctica, tu vida cambiará radicalmente en algo favorable. Nada se mueve en este universo sin el cumplimiento de estos principios; por vivir en contra de ellos es que nos ha ido mal.

Los *Siete Principios Universales* se desprenden del primer aspecto de Dios que es *Principio*, que al expresarse conforma un orden perfecto de todas las cosas. Los *Siete Principios Universales* no son órdenes para ser cumplidas, como las leyes de Moisés que hay que obedecerlas o eres sancionado. Los *Siete Principios Universales* se cumplen inexorablemente, se conozcan o no, en cualquier país, persona, condición o cosa, y nadie los puede evadir.

Estos *Siete Principios* los dio a conocer inicialmente Hermes Trismegisto. Si se cumplen, nos va bien; si se quebrantan, nos va fatal. El cumplimiento de estas leyes es tan cierto que uno mismo las puede comprobar en su propia vida. Conocer y vivir de acuerdo a estos *Siete Principios* es lo único lleva a la felicidad, y convierte a las personas en Maestros de sabiduría. Desconocerlas e ir en su contra, es lo que nos hace seres ignorantes y llenos de problemas.

Hermes

Uno *existe* para aprender y para vivir de acuerdo a los *Siete Principios Universales*, que son las únicas Leyes de la vida; acoplándose con ellas, se cumple con todas las demás leyes, sean sociales, religiosas o cívicas.

KARMA O CAUSA Y EFECTO

Del principio de *causa y efecto* se desprenden todas los demás principios universales. Este principio enuncia: **"Toda causa tiene su efecto y todo efecto tiene su causa"**. Es lo que comúnmente se llama *karma:* que todo lo que te está pasando ahora, tú te lo buscaste. Todo lo que le sucede a la humanidad es porque en algún momento generó las causas para recibir tales efectos. Muchas veces se han movido causas en vidas anteriores y se vienen a pagar en esta vida.

Si vives bien, feliz, con todas tus necesidades cubiertas, es porque has hecho cosas buenas en el pasado que te han traído esos efectos; si vives en la indigencia, carente de lo básico, deprimido y golpeado por la vida, es porque eso mismo le has hecho a los demás. No digas que este Principio es mentira, que tú eres muy bueno y no sabes porqué te va mal. Esto es una excusa de tu mente para no afrontar la realidad de lo malo que le has hecho a los demás y reconocer que se te está devolviendo.

Muchas veces la gente se interroga porqué un niño, que aparentemente no ha hecho nada malo, tiene que nacer en un hogar miserable y lleno de enfermedades y carencias. Eso es porque en vidas pasadas esa persona movió *causas*, despilfarró, robó, mal utilizó mucha fortuna y ahora con los *efectos* los está pagando.

Cuando nos demos cuenta de este principio de *causa y efecto*, no importa lo que hagamos, nos vamos a contener de no generar envidia, mala voluntad, odio, fealdad, mentira, agresión ni rencor, porque siempre nos será devuelto.

La única forma que existe de que este Principio no nos siga afectando y no continúe devolviéndonos todo lo malo que hemos hecho en el pasado es moviendo causas positivas y perdonando, diciendo: **"Me perdono, invocando el Fuego Sagrado consumidor de Dios para que consuma todo el mal uso que he hecho de la Energía Divina en mí y hacia los demás."**

Jesús enseñó esta ley al decir: *"Todos los que tomen espada, a espada perecerán"*. El *karma* es uno de los factores que, junto con nuestra mente, determina en gran parte todo el acontecer de nuestras vidas.

Todo lo que sucede tiene un porqué, una explicación, aunque se desconozca. Esta ley se cumple en todo el Cosmos, el sistema solar, toda la tierra y en la totalidad de nuestras vidas.

Existe *karma* positivo y *karma* negativo. Si mueves causas físicas, emocionales y mentales que favorezcan la buena voluntad, la sabiduría, la belleza, la salud, la opulencia y la libertad, obtendrás como efectos esas mismas cosas. Si tienes por efectos mala voluntad, ignorancia, odio, fealdad, enfermedad, carencia y depresión, es porque has movido causas cónsonas con todo eso. *Tú eres la causa de todo lo que te sucede.*

Muchas personas, cuando reciben efectos negativos por haber movido causas negativas le atribuyen su malestar a la mala suerte o al castigo de Dios, al gobierno, a la gente que los rodea y ya sabes que esto no existe. Los efectos negativos sólo vienen de causas negativas generadas por uno, y no de Dios.

Si en nuestro pasado movimos causas positivas o negativas, a veces olvidamos, pero la ley de *causa y efecto* lo recuerda. Se nos devolverán los efectos y nos buscarán, para que aprendamos que: el mal no se le hace a nadie; el bien es lo único que se debe realizar.

Todo lo que te está sucediendo en este momento son cosas que has hecho en el pasado y que se te están devolviendo ahora. Ésta es la explicación del porqué unos nacen con grandes realizaciones en su vida física, emocional y mental, y otros no.

Dios es completamente justo y desea el máximo bien para nosotros. Si el ser humano, con su libre albedrío, quiere actuar mal, lo puede hacer; Dios no se mete en eso. Más adelante, la ley se encargará de retribuirle de acuerdo con lo movido en el plano de las causas.

MENTALISMO

El Mentalismo es un uno de los grandes Principios Universales que siempre se cumplen. Su enunciado dice: *"**Todo es mente.** lo que tu plensas se manifiesta."* Esta es una de las grandes *Leyes Ocultas* que debido al *principio de causa y efecto*, ha determinado la manera en cómo vivimos ahora y cómo viviremos en el futuro, sea bien o mal.

Nosotros, en virtud del desconocimiento del *Principio de Mentalismo*, nos hemos puesto a pensar, sintiendo y decretando cosas negativas, produciendo desastres a los que les damos poder con nuestros sentimientos y pensamientos, ocasionando todas las desgracias, tristezas, carencias, enfermedades y problemas de nuestra vida.

La mente, unida al poder de los sentimientos, es un poder grandioso que mueve *causas* que, con sus *efectos* nos hace ricos o pobres, felices o desgraciados, saludables o enfermos, a partir de cómo pensemos y sintamos. Algunas personas viven diciendo, pensando y sintiendo: "soy tan tonto", "todos me odian", "soy feo", "no tengo un centavo", "soy un inútil", "vivo enfermo", "este mundo no sirve", "me van a robar", "me engañaron por idiota"; al creer todas esas cosas, les damos poder con nuestra mente a esos pensamientos y se manifiestan. Si queremos que desaparezcan, al quitarles poder con nuestra mente, desaparecerán.

Los pensamientos crean lo que se llama arquetipos o "imágenes mentales." Las situaciones y personas reaccionan hacia ti de acuerdo a los arquetipos que tienes de ellas. Si tienes el arquetipo de que cada vez que te bañas en el río te resfrías, eso es una *causa*, y el *efecto* es que te resfriarás. Si tienes el arquetipo de alguien como un ladrón, no te sorprendas si te roba. Estamos llenos de imágenes creadas con nuestra mente. **Las imágenes que tenemos sobre las cosas no son la verdad, son creación de nuestra mente**.

Si nos lo proponemos, con la mente y los sentimientos podemos transformar nuestra vida y muchas cosas de nuestro mundo, podríamos hasta cambiar muchas cosas en el mundo externo. La mente determina que las condiciones de tu vida sean favorables o desfavorables. Tu mente determinó lo que te ocurrió ayer, lo que te está pasando hoy y lo que te pasará mañana. La mente junto a tus sentimientos, combinada con tu *Plan divino de perfección* y tu *karma*, lo decide todo en tu vida.

La mente y el sentimiento son el poder capaz de crear *causas* y hacer manifestar *efectos*, que son las cosas que nos suceden. Si tu piensas en hacer una casa, la puedes manifestar; pero si nunca piensas en tener una, es muy posible que jamás la tengas. Igualmente, si piensas que todo el mundo te ama, mucha gente te amará. Como dice el enunciado de la Ley de Mentalismo: *"Todo es Mente"*.

El ser humano, por ignorancia, achaca todo lo malo que le sucede a los demás, al gobierno, al castigo de Dios, a la buena o mala suerte, al destino, a los malos espíritus o detractores. Pero en realidad nada de eso tendría poder si tu mente no se lo permite. Dios jamás castiga. Todo es *causa y efecto*, las cosas son generadas por tu pensar y sentir, ya que todo es mente y lo que tú piensas se manifiesta.

Los problemas, sufrimientos y pesares de la vida no existen sino en tu mente, son apariencias o ilusiones producto de la ignorancia. Tú me dirás: "Entonces el hambre que está pasando la gente en algunas partes es ilusión." Aunque te parezca cruel la respuesta, te diré que sí. Si ellos cambiaran su estado de consciencia, aprendieran los *Siete Principios Universales* y los aplicaran, no sufrirían como se ve en los noticieros. Lo que ocurre es que esta no es una teoría para discutir, sino para poner en práctica y ver sus efectos.

La mente consciente es la que funciona cuando te das cuenta inmediatamente lo que está sucediendo o estás haciendo. Podemos estar conscientes de que estamos en un lugar y de los detalles que nos rodean. El subconsciente es el estado más profundo de la mente. Todas aquellas cosas que hemos visto, que nos han sucedido varias veces o que nos han repetido mucho, ya no están sólo en la consciencia sino que han pasado al subconsciente –que es como un almacén de programación mental– donde afloran y actúan automáticamente generando *causas* que se transforman en cristalizaciones o ideas fuertemente arraigadas. El subconsciente es aquella parte de la mente a donde pasan las imágenes mentales después que se han fijado muy poderosamente en la consciencia.

En el subconsciente está todo lo que nos han repetido desde pequeños. Si te han dicho muchas veces que eres tonto, eso pasa al subconsciente, el programador de tu vida. Todo lo que está allí grabado es lo que se manifiesta en tu vivir; como te han dicho: "bruto", tu mente produce en ti el estado de brutalidad; pero si tienes grabada otra cosa, como que eres inteligente, eso será lo que se expresará.

Esa programación de que eres torpe, enfermizo, feo, estúpido o tonto está allí, y por eso te comportas como tal, pero si decides borrarla lo puedes hacer. El subconsciente no razona ni toma determinaciones, él sólo ordena cómo va a ser tu vida de acuerdo a lo que tiene grabado. Si piensas todos los días que eres feo, el subconsciente no te va a decir que eso es mentira, él sencillamente obedecerá a tus órdenes y cada vez te irás poniendo más feo. Pero también puede suceder al revés: puedes ordenarle al subconsciente que eres bello, atractivo, inteligente, capaz y verás todo el éxito que vas a tener.

Cuando una programación pasa al subconsciente es terrible, porque allí se queda para siempre generando *causas*, a menos que la borres, negándolas con la misma mente. Si te dicen algo que no te conviene, como que eres estúpido, que te van a reprobar en el examen o que te van a robar, dí firmemente y sintiéndolo: ***"No lo quiero ni para mí ni para nadie. Lo borro de mi mente"***. Esto lo tienes que decir con convicción y fuerza mental, como cuando no quieres comerte un plato de comida en mal estado.

En el subconsciente tenemos grabado todo lo que creemos que somos: nuestro estado de seguridad o inseguridad, inteligencia o incapacidad, amor u odio, belleza o fealdad, salud o enfermedad, riqueza o pobreza, perdón o rencor. Nuestros padres, el gurú, el sacerdote, el líder político, inconscientemente han programado cantidad de cosas en nuestro subconsciente y de allí es que provienen nuestros temores, inseguridades y muchas negatividades.

Con la negación, comienza a limpiar tu mente de programaciones negativas; graba sólo cosas buenas y positivas en tu subconsciente, así serás feliz, opulento, amado y exitoso en la vida.

La *verdad* es las cosas tal cual son, sin el concepto que la mente se ha formado de ellas. A la mayoría de las cosas las recubrimos con nuestros conceptos mentales, y responden de acuerdo a lo que pensamos de ellas. La *verdad* de nuestra existencia es vivir llenos de luz, amor, fe, belleza, opulencia, felicidad y bienestar junto a todo lo que nos rodea; aquello que nos lleva hacia la armonía, a Dios. Pero la mente ha transformado esto, haciéndonos creer que la vida es un valle de lágrimas o un sitio a donde se viene a pagar *karma*, y esa no es la *verdad*.

Todo lo que vaya en contra de nuestro **Plan divino de perfección** y en contra de la armonía, como la infelicidad, depresión, angustia, limitación o imposición, eso no viene de Dios, no es la *verdad*. Esto lo puedes decretar diciendo: **"Esto no es la verdad de Dios para mí"**.

La mente vive calificando todo lo que ve en bueno o malo. Lo que se califica como bueno, actúa en para nuestro bien; y lo que se califica como malo, funciona para perjudicarnos. Pero **las cosas no son ni buenas ni malas sino que se convierten en lo que**

uno decide con su actitud mental y con los sentimientos que uno les aplica. Si calificas a una persona de mala, egoísta o traidora, que no te extrañe esa persona que actúe de esa manera contigo. Si calificas a tu hogar, familiares, amigos y cosas como amorosos, felices y bellos, así serán para ti.

El odio, la miseria, la negligencia, la fealdad, la enfermedad que puedas ver en tu mundo o en el de otros, no son otra cosa que la calificación mental que puedes tener de los demás o de todo el conglomerado, manifestándose.

Debemos tener una actitud positiva ante nosotros y todo lo que nos rodea. En vez de ser el patito feo del cuento, te puedes convertir en el hermoso cisne. Todos somos cisnes. Lo que pasa es que no nos hemos visto en el espejo observando lo hermosos que somos, sino que hemos aprehendido los patrones del "patito feo" que los demás nos han inculcado.

Hay negatividades que no son nuestras: pasa una señora por una calle, y si está triste, va dejando tras de sí su estela de tristeza, y la gente que camina detrás de ella absorbe sus pensamientos e ideas. Si esa tristeza se te pega, no es tuya, no es tu *verdad*. De igual forma se nos pegan conceptos de enfermedades, ideas de robo, limitaciones, angustias, depresiones y muchas cosas más. A través del poder de la mente, también podemos negar todo eso y no permitir que nos dañe. Podemos decir: **"Yo no quiero nada negativo que pueda dañarme".**

El *decreto* es el uso del poder de la palabra unido al pensamiento y al sentimiento para producir determinados efectos. Fíjate que nos pasamos todo el día diciendo cosas, sea con la palabra hablada o pensada, y esos son *decretos* que tarde o temprano se cumplen en nuestra vida. Puedes reestructurar tu vida a través del uso positivo de la palabra, sintiendo, pensando y diciéndole a todo lo desagradable: "Yo no lo quiero", porque "el yo quiero" y el "yo no quiero" tienen poder.

Con el poder del *decreto* respaldado por tu actitud mental y tus sentimientos puedes ordenar cómo quieres que sea tu vida. Comienza ya a ordenar tu mundo haciendo *decretos*. Si quieres paz, puedes decir: "Yo decreto paz"; si deseas opulencia: "Yo decreto que fluya la sustancia ilimitadamente dinero a mis manos." Estas afirmaciones son para ser usadas y para que tú mismo compruebes su efectividad.

La manera de ir limpiando el subconsciente de todo lo que no deseamos en nuestra vida es la siguiente: En primer lugar, rechaza todo lo negativo, diciéndole concentradamente y con sentimiento: "le quito poder". Seguidamente, afirma lo positivo de la situación, para calificar en perfección todas las imágenes del subconsciente y del consciente. Dile a cualquier pensamiento de limitación o pobreza, "le quito poder" y con ello di: "Yo soy opulencia." A todas aquellas afirmaciones que no quieras que se te cumplan, vas a decirles con determinación: "yo no lo quiero"; porque tú tienes poder en el "Yo no quiero" para rechazar lo negativo.

Con tu mente comienza a programar y atraer todas las cosas bellas y buenas, diciendo: "Yo Soy feliz, yo vivo tranquilo y en paz." El Maestro Jesús, en los Evangelios, nos enseña todo esto cuando nos dice: **"Por Tus palabras serás condenado y por tus palabras serás justificado."**

A la gripe, a los ladrones, a todo lo negativo, a los comentarios desagradables, les vas a decir: **"No lo quiero ni para mí ni para nadie".** Uno no debe ser egoísta, y lo bueno que uno desea para sí mismo también lo debe desear para los demás.

No niegues ni afirmes cosas que vayan a perjudicar a otras personas, que dañen a tu prójimo, porque el mal te va a volver debido a la ley oculta llamada *causa y efecto*. De ahora en adelante, vamos a comenzar a hablar de manera correcta. Sólo vamos a decir lo agradable, bello y armónico: De mí y de los demás, solamente lo bueno. Nunca vas a afirmar "no puedo" o "yo no sé." Vas a borrar la palabra "No" del subconsciente y vas a comenzar a decir: *"Yo sí puedo".*

A la aplicación de un decreto o afirmación se le dice *tratamiento*. Para cada problema, sea económico, de salud o sentimental, existen tratamientos efectivísimos que se pueden realizar con el uso de la *Oración Científica*. Esto es, que si en algún lugar alguien está peleando, tu puedes hacerle un tratamiento, decretando: *"Yo Soy aquí y allí el amor de Dios manifestándose"*, y esto transforma la situación de inmediato en reconciliación.

Si vas a visitar a un enfermo, puedes hacerle un tratamiento y decretar: "Yo Soy la salud de Dios sanando esta apariencia de enfermedad", y traer a la manifestación la salud, porque para ello estás calificando. Todo dependerá del grado de fe, intensidad y sentimiento que pongas al hacerlo.

Se le dice *apariencia* a la enfermedad, pobreza, tristeza, fealdad y otras manifestaciones negativas, porque la *verdad* es que lo que Dios tiene planeado para nosotros es todo lo contrario: salud, riquezas y belleza. Lo que hace el tratamiento es restituir en nosotros la **Voluntad divina de perfección.**

VIBRACIÓN

Todo a tu alrededor vibra, se mueve, y aquello que está vibrando es una *causa* que produce un *efecto* que puede ser sonido, color y una forma geométrica determinada. Así cada *Ser de luz* emite una vibración que, al traducirse en sonido, es una melodía a la que llamamos *Llave Tonal*; esta melodía genera un color, que es uno de los *Siete Rayos*; y produce una forma geométrica, que es el *Patrón Electrónico* o *Pensamiento Forma*.

Cuando te quejas por no tener dinero y dices "no tengo", por ley de vibración te conectas con toda la miseria del mundo. Al dar gracias por lo que tienes y nunca pensar que es poco, por ley de vibración te unes a todos los ricos del planeta y tu vida pasa de la carencia a la opulencia. Así que di siempre: ***"Gracias Padre"*** por todo lo que tienes, sea un peso en el bolsillo, un amanecer, una taza de café, un beso, por ir en la ventana de un bus, por orinar, por tener alguien que te quiera.

Por todo di: ***"Gracias Padre"***, y por vibración te conectarás con el Cosmos, que vive agradecido por la creación.

RITMO

En la naturaleza todo va y viene; si hay mucho calor en el verano, así será el frío que vendrá en el invierno; cuando hay mucho de sobra y se despilfarra, así vendrá la carencia después; si existe mucha represión en un país o en un hogar, de igual forma vendrá un destape o libertinaje.

Si uno quiere estar a salvo del principio del *ritmo*, basta con no irse a ninguno de los extremos. Se puede vivir a igual distancia del par de opuestos. Si no quieres sufrir carencia, no despilfarres en la opulencia. Si no deseas enfermarte, no abuses de tu cuerpo cuando gozas de perfecta salud. Si eres afortunado en el amor, no hagas mal uso de él y siempre serás amado, hasta en tu vejez.

Si no te gusta estar triste, no alardees de tu felicidad cuando la tengas. Si no quieres tener desequilibrio de excesiva mundanalidad, no te hagas pasar por excesivamente espiritual, santo o místico.

Tú puedes ser como los sabios que viven a igual distancia de los dos extremos y no se inmutan ni por el bien ni por el mal, se mantienen en perfecto equilibrio, tanto en la desbordante alegría como en la profunda tristeza. No te identifiques con ninguno de los opuestos a los que te lleve el *Principio de Ritmo*. Simplemente observa, date cuenta de cómo el péndulo va y viene, y no califiques ni critiques, solamente ve y aprende.

POLARIDAD

Todo en el universo manifiesto es dual, tiene su positivo y negativo que en el plano humano se expresa como masculino y femenino. Para que cualquier cosa pueda ser creada o venir a la manifestación necesita del positivo y del negativo. Cuando hay dos positivos o dos negativos el asunto no funciona y nada se puede crear.

Para que la luz pueda producirse en una bombilla, requiere de un cable con electricidad negativa y otro con electricidad positiva, que al unirse producen un chispazo que es la luz.

La tierra tiene sus dos polos: sur y norte. La temperatura también: frío y calor; y así es todo: luz y sombra, bien y mal, riqueza y pobreza, seco y húmedo.

Si uno se establece en una de estas polaridades, activa siempre su opuesto. El frío evoca el calor; el mal, el bien; las sombras, la luz; lo amargo, lo dulce; la agresión, el cariño. Si uno no se establece en ninguna polaridad, es imposible que mueva su opuesto.

Cuando a uno todo le sale mal es porque está moviendo *causas*, polarizado en negativo; si sales de una enfermedad para entrar en otra, es porque estás polarizado en enfermedad. Igualmente, uno se polariza en pobreza y peleas. Entonces, lo que uno debe hacer es polarizarse en positivo, usando la *Ley de Mentalismo, el decreto y la Oración Científica*. Cuando se está enfermo hay que polarizarse en salud, al estar sin dinero hay que polarizarse en opulencia.

El flujo y reflujo de la energía, que es el ir y venir de un extremo a otro, es lo que produce la polaridad, que por supuesto se manifiesta por la vibración. Por lo tanto, yendo más allá de la mente, que es la que polariza, y sin vibraciones que por ritmo vayan y vengan de una polaridad a otra, uno puede establecerse fuera de cualquier polaridad y vivir en paz.

Existen seres que han unido las dos polaridades en la encarnación de su vehículo físico o en su ser. De hecho, fisiológicamente existen hermafroditas, que son personas que poseen el órgano masculino y femenino en uno solo.

Desde que entró la Era de Acuario, en el año 1954, es notorio y no se puede ocultar el destape de lo que se ha llamado en inglés el movimiento "gay". Su traducción quiere decir "alegre" o "alegría" –nombre que se le da no por casualidad, sino por causalidad– y que hace referencia a hombres con la integración de ciertos elementos femeninos, y mujeres con elementos masculinos. Pero incluso en ellos el *Principio de Polaridad* se sigue cumpliendo, porque hay uno de los dos que es el positivo o activo, y otro que es el negativo o pasivo. Esto no debe asombrar a nadie, ya que existen muchas parejas macho y hembra en las que cuando una de las dos partes no cumple con su polaridad se produce un divorcio. Así que siempre que se vea algo funcionando, tendrá los dos polos generándolo.

Por eso, al no mover las polaridades, el individuo realiza la "Divina Imperturbabilidad".

GENERACIÓN

En el cumplimiento del *Principio de Generación* está unido el *Principio de Polaridad*: cuando las polaridades se contactan, generan, crean o forman algo. Cuando el masculino y el femenino se unen, crean un nuevo ser.

Todo en la vida se vive generando. Con la mente generamos gobiernos, teorías, amores, estados de salud, paz o guerra, y hasta nuestra apariencia personal.

El ser humano es un creador por excelencia, y la máxima creación la hace a nivel mental. Pero la mayoría de las creaciones no son reales, sólo existen en la cabeza del que las inventa. La humanidad se parece a Dios en que es creadora, crea cosas maravillosas, como hermosos edificios, cuadros preciosos, grandiosas sinfonías, soberbias esculturas, diseños de ropa primorosos, status sociales, títulos, clases y nacionalidades; pero también genera guerras, creando división entre ricos y pobres, entre una nacionalidad y otra, o diferentes religiones.

Mucho de lo que el ser humano genera es para su propia infelicidad; pero así como puede generar desgracias, juicio, condenación, maldad y guerra, también puede generar unión, amor, buena voluntad, sabiduría, belleza, salud, paz, perdón y miles de cosas bellas. Recuerda: somos la *causa* de todo lo que nos sucede. Nosotros somos los creadores de todo lo que nos sucede, y por lo tanto, podemos modificarlo mediante el cambio de actitud, la oración, el decreto, o redimiendo toda energía mal calificada por medio del perdón.

Toda creencia es creación, como la misma palabra lo dice; esto es el cumplimiento del *Principio de Generación*. Observa que, el imperio económico que han creado muchos millonarios, los emporios religiosos de cada creencia y los movimientos artísticos, la armonía o desarmonía en tu hogar o pareja, tu estado de salud, son creaciones de la mente y de los sentimientos de la gente.

Todo se genera, crece y se multiplica, así que observa que todo lo generado por ti sea bueno.

CORRESPONDENCIA

Todas las cosas se corresponden con alguna otra en la existencia: "como es arriba es abajo". Conociendo algo de abajo, podemos aplicar el *Principio* y saber cómo son las cosas arriba o en otra parte.

Conociendo el átomo con su núcleo, los protones y neutrones, podemos saber cómo es el sistema solar. Viendo la jerarquía del gobierno nacional, del presidente y sus ministros, podemos comprender la *Jerarquía Espiritual*.

Si tu vida está llena de gente que te odia, te envidia, te tiene mala voluntad, así eres tú por dentro, en tus pensamientos y sentimientos, porque **"como es arriba es abajo y como es adentro es afuera"**. Tu estado financiero, tu salud, tu armonía familiar, son la denuncia de cómo está tu interior. Así que **no hace falta decir quién eres, porque todo a tu alrededor lo grita.**

Todo lo que los demás te hacen es, por *Principio de Correspondencia*, lo que te corresponde. Así, puedes detectar lo que tienes que trabajar interiormente: perdón, transmutación, amor, provisión, buena voluntad o iluminación. El asiento que te toca, el número de pasaje, el nombre del lugar o de la persona, el color de cualquier cosa, están en correspondencia con tu estado interior. Lo único que tienes que hacer es darte cuenta e interpretarlo todo, y así vas a conocer cómo estás. Jesús se refirió a esta Ley al decir: "Todo lo que atéis en la tierra, será atado en el cielo; y todo lo que desatéis en la tierra, será desatado en el cielo".

Capítulo 3
Siete Cuerpos

El comienzo de la verdadera sabiduría está en el hecho de saber quiénes somos; sin esto, no podemos dar un sólo paso hacia delante en la verdadera evolución. Cuánta razón tenían los griegos al decir, en el mandato délfico: *"Hombre, conócete a ti mismo."* Hemos aprendido mucho sobre política, filosofía, economía, arte y ciencia, pero no sabemos casi nada sobre nosotros mismos. La prueba está en que hemos vivido engañándonos, creyendo que solamente somos el cuerpo físico, y hablando de una forma vaga e incierta del alma y el espíritu sin saber qué son.

Nosotros somos seres trinos; esto quiere decir que tenemos tres estados de consciencia diferentes, pero que son uno solo. Estos estados se llaman: **espíritu, alma y cuerpo**.

CUERPO FÍSICO

El Cuerpo Físico es el receptáculo, en el plano de la Tierra, que expresa una poderosa concentración de energía, que es el Ser, la vida, el existir, la consciencia y la luz.

Nosotros no somos el Cuerpo Físico. Eso que peinamos, vestimos, bañamos y alimentamos, no somos nosotros. Tú no eres eso, tú eres luz. Eres perfecto, eres felicidad y armonía plena; tus facciones son perfectas, son de luz. No necesitas vestirte, pues tú tienes ropa electrónica, de electricidad cósmica. Tu verdadero Ser no necesita comer, que lo halaguen, le sonrían, lo tomen en cuenta; la que requiere eso es tu personalidad. Pero tu espíritu nada necesita, porque es parte esencial de Dios.

La personalidad, que es la expresión del Cuerpo Físico, es el tercer aspecto de la Trinidad en el ser humano, conformada por el Cuaternario Inferior, que es el Cuerpo Físico con el que nos expresamos, el Etérico que lo anima, el Astral que lo mueve y el Mental que nos hace pensar.

En el Cuerpo Físico tenemos tres estadios de consciencia, que son: Sólido, Líquido y Gaseoso. El Cuerpo Sólido está conformado por nuestra contextura ósea y muscular; el Cuerpo Líquido, por toda nuestra sangre; y el Cuerpo Gaseoso, por todas las partículas de aire que son, en realidad, la vida de nuestro Cuerpo Físico Denso.

De ahora en adelante, debes saber que el objetivo primordial, que encierra todas las finalidades de la vida, estudios, esfuerzos, sufrimientos, alegrías y vivencias, es que el Cuaternario Inferior de la Personalidad se unifique con el Santo Cristo Propio, y que éste, a su vez, se una con la magnífica Electrónica Presencia de Dios Yo Soy, para que así se realice lo que bien se ha dado en llamar La Boda Mística, que es la unión del Ser Superior con el Ser inferior. A este hecho también se lo ha denominado *El Logro Victorioso.*

Con respecto al *Plano Físico Denso* no hablaremos mucho, porque ya es conocido dentro de los estudios de fisiología y anatomía, pero observaremos que a medida que la vibración es más alta los átomos están más separados y el cuerpo es menos denso. En el Cuerpo Físico Sólido la vibración es muy lenta, por lo tanto, la concreción es mayor; en el Cuerpo Líquido, la densidad es menor; y mucho menor aún en el Cuerpo Gaseoso, que es el más intangible de toda la materia física visible.

La evolución sensorial del Plano Físico consiste en el desarrollo del oído, tacto, vista, gusto y olfato.

CUERPO ETÉRICO

El Cuerpo Etérico es la contraparte del Cuerpo Físico Denso, *causa* de nuestra salud o enfermedad. Se alimenta de sol, aire puro y alimentos energéticos. No darle al *Cuerpo Etérico* su buena dosis de sol, aire puro y alimentos energéticos es la causa de todas nuestras enfermedades.

La *Presencia Yo Soy* reviste el instrumento físico del cuerpo con vitalidad para poder manifestarse como vida biológica: poder hacer nacer, crecer y reproducir el Cuerpo Físico con el que se expresa. Cuando la energía del Yo Soy abandona el Cuerpo Físico, se produce la muerte.

Cuando alguien se enferma, antes que orar y pedirle a Dios un milagro, hay que buscar la *causa* de la enfermedad, que está en el *Cuerpo Etérico*. Si estás comiendo chatarra, exceso de grasas saturadas en las carnes, fiambres, frituras y pasteles; azúcar en exceso en los refrescos y dulces; químicos en refrescos, conservantes de enlatados, comida que no se pudre, exceso de sal y carnes, por *efecto* tendrás que sufrir del corazón, de artereoesclerosis, reumatismo, várices y otras cosas más. Vete a las *causas* y deja de comer exceso de carnes, azúcar, grasas, químicos, y verás cambiar el panorama de tu salud

CUERPO ASTRAL

El *Cuerpo Astral* es el que nos permite tener deseos, querer hacer cosas, movernos, anhelar y progresar, porque solamente es sentimiento y ha sido creado para que esa poderosa concentración de energía que es el Ser se pueda expresar en el *Plano Astral*. Sin el *Cuerpo Astral* seríamos una masa corporal viva, pero como una planta, sin poder mover las *causas*, sin desear hacer nada; estaríamos todo el día acostados y jamás evolucionaríamos.

CUERPO MENTAL

El *Cuerpo Mental* es el que nos permite tener la facultad de pensar y darnos cuenta que *somos*; es el vínculo de contacto con nuestro verdadero Ser, el *Yo Soy* de cada cual. El *Cuerpo Mental* es lo que nos hace parecernos a Dios, porque es creador como Él.

En el proceso de conocimiento propio es muy importante que concienciemos profundamente la función de la mente en nuestras vidas. Ella es la creadora, la que nos permite imaginar, crear situaciones, conformar nuestra personalidad, ubicarnos en un estrato social, tener creencias religiosas, posicionarnos en un nivel económico, poseer un determinado estado de salud; cultura y educación; en síntesis, casi todo lo que somos como seres humanos con personalidad tiene su origen en la mente.

Si no tuviéramos mente seríamos exactamente iguales a los miembros del reino animal, que tienen *Cuerpo Físico*, poseen una vitalidad independiente –que es el *Cuerpo Etérico*–, tienen sentimientos –el *Cuerpo Astral*– pero que no poseen un *Cuerpo Mental* desarrollado.

Cuando nacemos, traemos una acumulación de información genética de nuestros padres y abuelos; un residuo kármico de nuestras vidas anteriores, cosas malas que hemos hecho y que hemos de pagar en esta encarnación. También tenemos karma bueno, que son las cosas agradables de las que habremos de disfrutar y un *plan divino de perfección* que desarrollar. En el ámbito mental, nos dan la oportunidad de nacer con la mente completamente en blanco para comenzar a grabar las cosas que deseemos manifestar en nuestra nueva encarnación.

Uno nace sin pertenecer a ninguna religión, militancia política, clase social ni nacionalidad; esas cosas nos las inculcan y graban en nuestro *Cuerpo Mental* desde que nacemos. Somos católicos o musulmanes, y odiamos a practicantes de otras religiones, porque así nos lo grabaron en nuestro *Cuerpo Mental*. Tienes consciencia de riqueza o prosperidad, te crees de determinada clase social o militancia política porque así lo grabaron en tu *Cuerpo Mental* tus padres, quien te crió o el medioambiente que te ha rodeado.

Partiendo del inmenso poder creador que tiene el *Cuerpo Mental* para determinar casi todas las cosas de nuestra vida, es que nos damos cuenta de la inmensa cantidad de creaciones destructivas, miserables, de mala voluntad, ignorantes, odiosas, feas, mentirosas, agresivas y enfermizas que son las que nos impiden que contactemos nuestro *Cristo Interior*. Tanto el *Cuerpo Mental* con sus pensamientos nefastos y las creaciones humanas destructivas del *Cuerpo Astral*, son un gran impedimento para que desenvolvamos la *Consciencia Crística*.

Si nos lo proponemos, con el *Cuerpo Mental* podremos transformar nuestra vida, muchas cosas de nuestro mundo y hasta cambiar muchas cosas del mundo externo, incluso podremos contactar nuestro *Cristo Interno*. El *Cuerpo Mental* de cada persona determina que las condiciones de su vida sean favorables o desfavorables. El *Cuerpo Mental* nuestro y de toda la humanidad determinó lo que ocurrió ayer, determina lo que está pasando hoy y determinará lo que pasará mañana. La mente, combinada con la información genética, el *plan divino de perfección* y el *karma*, lo decide todo en la vida de los seres humanos.

La fuerza del *Cuerpo Mental*, junto a los sentimientos emanados del *Cuerpo Astral*, son el poder capaz de crear y hacer manifestar las cosas que pensamos, se nos ocurren, decretamos o imaginamos. Para poder tener una casa, un automóvil, una carrera de estudios, un trabajo, primero tenemos que crearlos en nuestro *Cuerpo Mental*, hacer un arquetipo mental para que esto se pueda manifestar. Si no creamos esta imagen en nuestro *Cuerpo Mental* y no la conservamos allí, es muy posible quenunca tengamos lo que deseamos.

Las cosas se crean primero en el *Cuerpo Mental* y luego las recubrimos de materia emocional –les ponemos sentimientos con nuestro *Cuerpo Astral*– y luego, por medio de la acción física, las traemos a la manifestación tangible. Si un carpintero desea hacer una mesa, primero la piensa –la diseña en el *Plano Mental*– luego tiene que desear hacerla y por último ha de poner manos a la obra para que esta mesa se pueda ver.

Por desconocer el *Cuerpo Mental* y sus funciones, el ser humano achaca todo lo que le sucede, bien sea al castigo de Dios, a la buena o mala suerte, al destino, a los malos espíritus o detractores. Pero en realidad, nada de eso existe, son creaciones del *Cuerpo Mental*. Todo es generado por nuestro *Cuerpo Mental* y recubierto por la energía emocional del *Cuerpo Astral*, ya que todo es mente y sentimiento. Lo que tú piensas y sientes se manifiesta.

Los problemas, sufrimientos y pesares de la vida no existen en realidad, son *apariencias* o ilusiones producto de las creaciones del *Cuerpo Mental* y *Astral*.

El *Cuerpo Mental* funciona en varios sub-planos y capas de la mente. Una de ellas es la mente consciente, que actúa cuando te das cuenta inmediatamente de lo que está sucediendo o estás haciendo. Podemos estar conscientes de que estamos en un lugar y de los detalles que nos rodean.

La mayoría de las cosas son **causadas** o generadas por nuestro *Cuerpo Mental*, y recubiertas por la energía emocional del *Cuerpo Astral*, ya que todo es mente y sentimiento.

Gracias al *Cuerpo Mental* podemos ejercer la facultad del **discernimiento**, que es la capacidad de distinguir entre lo real y lo falso, lo que causa sufrimiento y lo que genera felicidad. Sin discernimiento estaríamos perdidos.

CRISTO INTERNO

Cristo Interno

El Cristo Interno es el Principio Vital o Alma que nos da la vida a todos nosotros. La palabra "Cristo" viene del hebreo "Mesías", traducido al griego,"Chrestos"; quiere decir "ungido, lleno de gracia." Generalmente, se refería a las personas que recibían una unción con aceite sagrado, como maestros espirituales, reyes o príncipes.

Tu *Cristo Interno* es aquello que vive en el estado de no calificación, perfección y divinidad. Se conoce con el nombre de *Yo Superior*. Se manifiesta en nuestras vidas, cuando el consciente y el subconsciente aprenden la lección de grabar y proyectar sólo perfección hacia cada partícula de vida.

El plano de consciencia del Cristo es la vida misma, en una dimensión de **amor, sabiduría y buena voluntad**, que por ser tan alto y con una energía tan sutil no se puede ver con los ojos físicos, al igual que los pensamientos, que aunque están dentro nuestro no los podemos ver.

El *Cristo* en nosotros está esperando que le hablemos, que nos pongamos en contacto con Él, porque su misión es ayudarnos a manifestar perfección y llevarnos con nuestro Real Ser, que es la Magna y Todopoderosa Presencia de Dios *Yo Soy*. Todos llevamos esa fuerza, que es Dios mismo dentro de nuestro corazón. Cada ser humano lleva ese *Principio Vital* dentro de su corazón, sea esta persona buena, mala o desagradable, cristiana, musulmana o de cualquier otra religión.

El *Cristo* es Dios mismo, con todo su poder y capacidad de producir milagros, andando contigo a cada instante, desde que te levantas hasta que te acuestas. Él es lo que la religión ha llamado el Ángel de la Guarda, que es Dios mismo dentro de ti.

Cada uno de nosotros es un hijo de Dios. Acuérdate que Jesús dice: **"Sois dioses"**, y que el *"Génesis"* de la Biblia afirma: **"Y Dios creó al hombre a su imagen y semejanza"**. Ese Principio Divino al que se refiere la Biblia al decir que *"Sois dioses"*, es el

Cristo Interno. Somos dioses. Pero tú no eres Dios cuando te pones colérico, vanidoso, robas u odias a una persona. Dios es algo muy interno dentro de ti, porque es la semilla de lo que tú eres en realidad, pero que no se ha desarrollado; está en tu corazón; ésa es la Presencia de Dios en ti.

Cuando uno comienza a pensar en positivo, a meditar en su *Cristo Interno* y a vivir de acuerdo a los *Siete Principios Universales*, se empieza a despertar esa *Consciencia Crística*; y si sabes aplicar los *Principios*, comienzas a hacer milagros como Jesús. Pero no te asombres, ya que Él no ha sido el único que los ha hecho; los han podido hacer practicantes del catolicismo y de otras religiones.

En la medida en que comiences a pensar y a meditar en tu Chispa Divina, la irás despertando del sueño en el cual ha estado sumida durante años, debido a que no te has ocupado de ella. Activando tu *Cristo*, atraerás el poder y la sabiduría acumulados en las siete esferas de tu Cuerpo Causal.

Cada mañana en la meditación y durante el día, en cualquier lugar en que te encuentres, puedes llevar tu atención hacia tu Santo Cristo Propio. Esta práctica te llenará de mucha paz y gozo espiritual. La puedes hacer de la forma siguiente:

a.- Relaja todo tu cuerpo estés acostado o sentado.

b.- Visualiza o imagina dentro de ti una luminosidad de mil soles, trata de ver en tu interior un esplendor que sobrepasa toda imaginación, y emanando de ella, ve una Llama de tres colores: azul, dorado y rosa, conteniendo los tres aspectos de Dios: voluntad, sabiduría y amor.

c.- Como tu Santo Cristo Propio tiene su nombre, que es el Nombre que Dios revela en la Biblia, tú lo puedes llamar y decirle: *Yo Soy Lo Que Yo Soy.*

Como todo ser humano tiene su *Cristo Interno*, nosotros ya no podemos volver a pensar en las personas de acuerdo a los defectos de sus personalidades, sino mirar el *Cristo* que vive en su corazón y saludarlo. El regalo más grande que puedes ofrecerle a los demás es reconocerles el *Cristo Interno* que llevan, diciéndoles como saludo: "¡Bendigo tu *Cristo Interior*!".

Tú puedes llamar a tu *Cristo Interno* para todo lo que necesites, cuando quieras comprender algo, si hay odio y se necesita amor, para buscar algo perdido, para todo. Reconoce que el Cristo es Dios dentro de ti, con todo su poder.

El vivir de acuerdo a los *Siete Principios*, unido esto a la concienciación del *Cristo Interno* o *Principio Vital*, viene a ser la base para que una persona viva en armonía con todo lo que la rodea, incluyendo el plano espiritual, y ése es el propósito de esta enseñanza.

El *Átomo Maestro* es el primer átomo de nuestro de cuerpo, director de todas las funciones biológicas de nuestro vehículo físico, y lleva impreso el patrón de perfección del funcionamiento de nuestro cuerpo. El *Átomo Maestro* sirve de anclaje de la *Llama Triple*.

El *Átomo Maestro* queda ubicado en el ápice del ventrículo izquierdo del corazón. Nosotros podemos hacernos amigos de él y pedirle salud para nuestro cuerpo; también la solución rápida a problemas repentinos, como puede ser una diarrea inesperada, una tos impertinente. Le podemos hablar con nuestras palabras, pidiéndole solución a nuestra emergencia.

Hay diferentes acepciones de la palabra "Cristo", porque es un mismo principio, abordado desde diferentes puntos de vista: *El*

Cristo Histórico el *Cristo Interno*, el *Cristo Planetario* y el *Cristo Cósmico*.

Maestro Jesús

El *Cristo Histórico* es Jesús. Cristo ha sido un término que se le ha atribuido históricamente a Jesús de Nazaret, que es uno de los Maestros más grandes que ha tenido la humanidad, ya que fue un *Principio Vital*, o Alma, que manifestó sus poderes externamente en su encarnación, en su vida y obra. Así observamos que la palabra *Cristo* nada tiene que ver con una persona que está clavada en una cruz, y que tampoco tiene su origen en la religión llamada cristianismo. Algunos creen que *Cristo* proviene de la palabra crucificado, y no es así. *Cristo* es un ser ungido, lleno de gracia, y no un señor clavado en una cruz.

Jesús, cuando vivió, hizo todo lo que manifestó –curaciones, resurrecciones, precipitaciones de alimento y prodigios – utilizando el poder del *Cristo Interno*. Él decía: "**Yo Soy** el camino, la verdad y la vida". Ese *Yo Soy* al que Jesús se refería era a su *Cristo Interno*, por el cual tú caminas hacia Dios. Una vez le preguntaron a Jesús dónde estaba el Reino de los Cielos, y Él respondió: *"Cuidado, que está más cerca que tus propios pies"*. Está dentro del corazón del ser humano, y ahí es donde debemos buscarlo.

Todos nosotros tenemos ese *Principio Vital*, como lo tenía Jesús. Pero, ¿Por qué no se manifiesta? ¿Por qué nosotros no somos como Jesús? Recuerda que Jesús dijo: **"Vosotros podéis hacer cosas como las que yo hago y aún superiores"**. **"Si tú le dices a esa montaña, levántate y vete al mar, esa montaña te obedecerá"**.

Tú no has podido actuar de acuerdo al mundo de milagros en que vivió Jesús, porque te has llenado de imágenes mentales e ideas que te limitan: que no puedes, que eres un pecador con una cantidad de defectos, con odio, maledicencia, negación de la sabiduría etc. Esto ha hecho que *El Cristo* que llevas dentro no se pueda manifestar, esté escondido y sólo se pueda ver lo malo, feo y desagradable de ti; por eso no puedes ver a Dios en ti, manifestándose.

Jesús encarnó en su cuerpo físico, tangible, toda la potencialidad del *Principio Vital*, que es vida, afecto, sabiduría, belleza, buena voluntad y perdón; y se manifestó para que todos aprendieran qué es un *Principio Crístico* encarnado, activo, develado, capaz de hacer milagros, dar de comer a cinco mil personas con tres pescados y cinco panes, resucitar muertos, caminar sobre las aguas, transformar el agua en vino, perdonar a sus torturadores, morir, resucitar y ascender al cielo.

Jesús fue todo lo que nosotros llevamos por dentro en el alma, en nuestro corazón, y decidió actuar como canal directo del Cristo, dándole rienda suelta y libertad para que manifestara toda su perfección e hiciera milagros.

El *Cristo Planetario* es la suma de todos los *Principios Vitales o Crísticos* de todos los habitantes de la Tierra, que generalmente se personifica en un ser de mucha luz, como lo fue Jesús. Como hoy en día Jesús está en un cargo cósmico más alto, este *Cristo Planetario* lo representa un ser que amó e imitó mucho a Jesús, que fue en una vida anterior San Francisco de Asís, y que es conocido como el Maestro Koot Hoomi.

El *Cristo Cósmico* es este mismo *Principio Vital* manifestándose en todo el Cosmos, que los orientales han personificado en *Vishnú*. El *Cristo* de Jesús y los Cristos de todos nosotros están unidos en un solo *Ser Crístico*. La suma de todos los Cristos o *Chispas Divinas* las abarca el *Cristo Cósmico*, que es un ser real, tangible y visible.

No vayan a creer que *El Cristo* solamente tiene hábitat dentro de la Iglesia Católica y de los evangelistas, que tanto anuncian que *Cristo* viene. Él también existe dentro de las demás religiones del mundo, y cuando venga, no lo hará a ningún grupo específico, vendrá a abrirles sus brazos a todos. ¿Por qué? Por lo que ya vimos: todo el mundo tiene al *Cristo* dentro de sí. El *Principio Vital*, que puede ser llamado "el Buddha Interior" por los Buddhistas; "el Mesías Interior", por los Judíos; el "Allah Interior", por los musulmanes; o el "Cristo Interior", por los Cristianos.

Nosotros, como príncipes e hijos de Dios, estamos ungidos de la divinidad, y esa unción es la *Presencia del Principio Vital* en nuestro interior.

El *Cristo Interior* se expande en tres estados de consciencia que se pueden pensar como una *Llama Triple* con tres colores diferentes, Azul-Voluntad Divina; Dorado-Sabiduría Divina; y Rosa-Amor Divino.

En un principio, al comenzar a estudiar esta enseñanza, estos tres estados de conciencia o *Llamas* dentro de nuestro corazón son pequeñas, pero luego, a medida que practicamos y manifestamos más de Dios en nosotros, éstas van creciendo y pueden abarcar todo lo que eres. La *Llama Triple* puede llegar a tener el tamaño de tu cuerpo.

La *Llama Triple* se manifiesta en la consciencia, pero uno la ubica dentro del corazón. Como habrás visto en las iglesias católicas, cuando simbolizan a Dios como el Padre Eterno, le pintan un triángulo en la cabeza. Pues bien, sus tres puntas simbolizan esta *Llama Triple*, que es: voluntad, sabiduría y amor; es a lo que se le ha llamado la Santísima Trinidad dentro del ser humano, o los tres aspectos de Dios, que son: El Padre, que es la voluntad o la Llama Azul; El Hijo, la sabiduría o la Llama Dorada; y el Espíritu Santo, el amor o la *Llama Rosa*.

Dios funciona con estos tres aspectos en conjunto, y de esos tres aspectos se desprende todo lo que hay y lo que somos.

Voluntad: Es el poder de Dios dentro de ti, para producir milagros, transformar tu vida y tener fe. La Voluntad de Dios dentro de ti, si la invocas, puede darte protección y entusiasmo para realizar cualquier obra constructiva que desees, porque es el bien. Si algo malo te sucede, es por *Ley de Mentalismo* o por *causa* y *efecto*. Ese mal lo has generado tú mismo, pero no es la voluntad de Dios. Esta voluntad de Dios dentro de ti se expresa por medio de una Llama Azul, que es la Omnipotencia de Dios.

Sabiduría: Vas a encontrar dentro de tu corazón una Llama viva, dorada, moviéndose, que es la omnisciencia, sabiduría, iluminación y conocimiento de Dios dentro de ti. Fíjate: si te lastimas, la sangre emite una sustancia para que la herida cicatrice. La digestión no la diriges tú, todo lo hace la inteligencia divina en tu cuerpo, que es el *Rayo Dorado* o la Omnisciencia de Dios.

No le puedes decir a nadie que no sabes una cosa, porque Dios es sabiduría dentro de uno y lo sabe todo. Por medio de la meditación, el decreto, puedes afirmar: la sabiduría de Dios dentro de mí todo lo sabe.

Cuando te niegas a aprender algo, estás cerrándole la puerta a la **sabiduría** de Dios en la cara. Cuando dices: "Yo no puedo", le estás negando a ese Cristo que tienes dentro, la posibilidad de manifestarse. Él puede darte toda la sabiduría, la voluntad y el poder de Dios mismo.

Amor: En una tercera *Llama* de color Rosa tienes todo el amor del mundo, que es la Omnipresencia Divina. Tú no puedes decirle a alguien que lo odias, ni tampoco rechazar a nadie, porque dentro de ti y de esa otra persona está el Amor de Dios.

Así como tenemos el Cristo con sus tres llamas, todos los demás seres humanos también lo poseen. ¿Cómo vamos a odiar, si los mismos aspectos de Dios dentro de nuestro corazón están dentro del corazón de nuestro prójimo? Esa misma *sustancia Crística de la Llama Triple* está contenida en las flores, los árboles, animales y todo. No hay nada en el universo que no tenga los tres aspectos de Dios.

Alguien puede decir que si le abren el pecho a una persona no encuentran las *Tres Llamas*. Es verdad. Es que estas Llamas son tres estados de consciencia y, como tales, son invisibles físicamente –pero visibles internamente– y se pueden ver sus efectos si nos conectamos con ellas y pedimos que se manifiesten en la situación que necesitemos.

Esta verdad la han sabido, a través de las edades, las personas más adelantadas espiritualmente. Santa Margarita lo sabía, y por eso dio a conocer la devoción del Corazón de Jesús que señala la presencia de un Corazón en *Llamas*, el *Cristo Interno*. También, en el Jesús de la Misericordia, vemos cómo Santa Faustina hace pintar al Corazón de Jesús con la *Llama Triple* que sale de su pecho. Ahora se ha dado la gran oportunidad, con estas enseñanzas, para que todo el mundo sepa que llevamos un *Cristo Interno*, que es Dios dentro de nosotros.

CUERPO CAUSAL

El *Cuerpo Causal* son siete esferas concéntricas que bordean al *Cristo Interno* y que encierran la totalidad del haber constructivo conservado a través de todo nuestro existir, el cual está acumulado de una forma sumamente ordenada. Es la expresión del Fuego Sagrado, o la luz, que es Dios, que al descomponerse conforma el espectro con los *Siete Rayos*, donde cada uno de esos colores energiza un aspecto de Dios.

Esfera Azul de fe, poder y voluntad; *Esfera Dorada* de sabiduría y conocimiento; *Esfera Rosa* de amor, diplomacia y acción; *Esfera Blanca* de belleza, arte y ascensión; *Esfera Verde* de verdad, ciencia y curación; *Esfera Oro-Rubí* de misticismo, opulencia y paz; *Esfera Violeta* de magia, ceremonial, perdón y transmutación.

Este conocimiento se nos da porque en el nombre de Dios, *Yo Soy,* o invocando a nuestro *Cristo Interno* podemos demandar lo que necesitemos de nuestro *Cuerpo Causal,* para que sea descargado a nuestra vida, en el momento en que lo requeramos, canalizado por medio de uno de estos *Siete Rayos.*

Este *Cuerpo Causal* fue a lo que el Maestro Jesús se refirió como *"los Tesoros en los Cielos",* en donde el orín y la polilla no los corrompen y carcomen como en la tierra, ya que es el único lugar donde debemos atesorar nuestros haberes.

Si necesitamos fe, poder, voluntad y fuerza, invoquemos el *Rayo Azul.* Si requerimos sabiduría, conocimiento, iluminación, discernimiento, demandemos el *Rayo Dorado.* Si nos urge amor, diplomacia y acción, invoquemos al *Rayo Rosa.* Si precisamos belleza, arte, ascensión, invoquemos al *Rayo Blanco.* Cuando queramos verdad, ciencia, curación, meditemos en el *Rayo Verde.* Si anhelamos misticismo, opulencia, paz, conectémonos con nuestro *Rayo Oro Rubí.* Y si necesitamos perdón, protección o transmutar algo, invoquemos la *Llama Violeta.*

Los defectos de los seres humanos son aspectos que no han desarrollado durante su evolución, y que se manifiestan como ausencias en una de las esferas de su *Cuerpo Causal.* Por eso no debemos criticar al que odia. Él no es malo, lo que le pasa es que tiene vacíos en su *Esfera Rosada.* A la persona carente de iniciativa y de voluntad para hacer las cosas, le falta llenar vacíos en su *Esfera Azul.* Pero Dios, en su inmensa misericordia, desde su divino Ser, puede hacer emanar las cualidades que el individuo necesite, y transmitírselas por medio del *Cordón Plateado* al corazón.

"YO SOY"

El Espíritu en ti es tu máxima expresión de vida, de existir, de Ser, y como la acción personalizada del verbo Ser en primera persona es *Yo Soy,* el nombre del verdadero Ser es *Yo Soy.*

El *Yo Soy* es tu espíritu puro y perfecto, tu único ser real. El *Yo Soy* es igual a Dios y tiene tres grandes aspectos que sintetizan todos los demás existentes en el universo manifiesto, que son: voluntad, sabiduría y amor (actividad). El *Yo Soy* es toda la máxima voluntad divina, es la absoluta sabiduría del universo y todo el amor que impera en la manifestación.

El *Yo Soy* es semejante al Sol; al *Cristo Interno;* a la Luna que lo refleja; a la personalidad y a la Tierra.

Esa parte de nosotros que vivía con Dios, participando de la Consciencia Divina, es lo que se llama el Espíritu. El ser humano viene del Absoluto Dios, y hacia allá irá de regreso al final de este período de manifestación. El Ser vive en el plano más alto de espiritualidad que se pueda alcanzar.

El *Yo Soy*, o Dios en ti, es el *fuego electrónico* de un resplandor solamente comparable al de mil soles. Él es la máxima felicidad, dicha, amor y comprensión que puedas anhelar. El *Yo Soy* es perfecto. Jamás puede ponerse bravo con nadie, no conoce la guerra, la separación, la competencia, nunca está triste, no es condenador ni desea nada malo. Él permanece eterno y es Él mismo a través de todas las reencarnaciones.

Como *Yo Soy* es un verbo creador, porque es Dios. Todo calificativo que se coloque después del verbo poderoso *Yo Soy* habrá de manifestarse como un edicto divino. Cuando se dice *Yo Soy*, es como si todo el universo manifiesto se paralizara para ver el calificativo que le sigue; y si éste es, por ejemplo, luz : ("Yo Soy luz") todo se inunda de luz. Si, por el contrario, se afirma un calificativo negativo, también se manifestará. Por eso siempre que se use el verbo sagrado *Yo Soy*, debe ser para bendecir tu corriente de vida y la de toda la humanidad.

La Presencia *Yo Soy*, o tu espíritu, todo lo puede, todo lo es, todo lo sabe, todo lo contiene. Decir "no puedo", "no sé", "no hay", es negar el poder de Dios actuando en ti a través de tu *Yo Soy*. Dios está dentro de nosotros. Para encontrarlo no hay que moverse a ningún lado, hay que quedarse quieto y buscarlo adentro.

Nosotros no somos el cuerpo físico. Eso que peinamos, vestimos, bañamos y alimentamos, no somos nosotros. No somos eso, somos luz, perfección, felicidad y armonía plena. Nuestras facciones son perfectas, son de luz. Tu verdadero Ser no necesita comer, que lo halaguen, le sonrían, lo tomen en cuenta; la que requiere eso es tu personalidad. Pero tu Espíritu nada necesita, porque es parte esencial de Dios. Tu verdadero Ser es por completo luz; el de abajo, tu personalidad, es de carne, se pudre, se enferma y hay que cuidarla. Vale todas las penas del mundo alcanzar aquello que verdaderamente eres: Dios dentro de ti.

Cuando dices *Yo Soy*, como estás pronunciando el nombre de Dios, si dices "verdad", "salud", "opulencia", eso se manifiesta; porque Dios es *Yo Soy*, y la energía del *Yo Soy* se califica con la palabra que tu quieras.

Puedes pasar varios días identificándote con una apariencia negativa, que se seguirá expresando mientras tú la alimentes con tu mente, la hables y creas que es verdad. El día que le digas a esa apariencia: "Tú no existes", "Tú no eres verdad", "Tú no tienes poder", e invoques al *Yo Soy* como lo contrario a esa apariencia, como "unidad", "verdad", "perdón", "amor", verás que ella desaparece; no importa lo grande que sea ni lo que abarque la apariencia negativa, *Yo Soy* abarca más, *Yo Soy* puede más.

Cuando dices: "*Yo Soy* la única presencia", le estás quitando poder a todas las creaciones, humanas, desencarnadas, demoníacas o lo que sea, le estás quitando poder a todo lo que no sea Dios en ti.

Tienes en tus manos el poder, el cetro de mando; úsalo, manéjalo, no le tengas miedo a nada. Si no han tenido miedo cantidad de seres para ser terroristas, robar, asesinar, conducir a un pueblo a la guerra, ¿por qué te va a dar miedo usar el cetro del poder de la Presencia *Yo Soy* para traer paz, concordia, amor, unidad a la Tierra, a través de Dios?

Toma el mando y el poder de la Presencia *Yo Soy* para transformar el mundo, cambiando la desidia, la ignorancia, la miseria, la mediocridad y la incultura en belleza, cultura, refinamiento y sabiduría. Asume el poder ya, no hay tiempo que perder.

Como el *fuego electrónico* de la Presencia *Yo Soy* es infinitamente resplandeciente y poderosa, no se puede meter, así como así, dentro del cuerpo del ser humano, porque lo haría estallar, pues no resistiría la vibración.

LÁMINA DEL "YO SOY"

La *Lámina del Yo Soy* es una especie de mapa de nuestro verdadero Ser para que sepamos cuál es el camino a seguir para llegar dentro de "uno mismo" y facilitar la compresión del *Yo Soy*, porque nada en la vida es más importante que alcanzar a Dios dentro de nosotros. Esta *Lámina* está constituida por tres partes, que representan al ser humano como una Trinidad: Espíritu, Alma y Cuerpo.

El Espíritu es la figura superior, que abarca en su Cuerpo de Luz la totalidad de la *Lámina*, porque Él lo es todo, el Yo Superior, el Ser, o "El Padre en los Cielos". Su cuerpo es de *fuego electrónico* y la Ley Cósmica que lo rige es la de síntesis; Él lo sintetiza todo y no hay nada fuera de su Ser. Dios todo lo mira, por eso está representado con ojos inmensamente grandes y luminosos, porque es el Ser Todo Vigilante de la actividad del Cosmos. El espíritu habita en el plano más alto de manifestación, que fue "creado por sí mismo", ya que el Ser es una auto-creación Divina. De su frente sale una *Triple Llama* –Azul, Dorada y Rosa– que representa los tres aspectos primordiales de Dios: Voluntad, Sabiduría y Amor. En su cabeza se encuentra el círculo con el punto, que es el símbolo primario del Cosmos y que se expresa en el Evangelio de San Juan: *"En el Principio era el Verbo"*. Representa el Logos, la Palabra o el Verbo, que es *Yo Soy*. Esta presencia se proyecta en expansión hacia el ser humano que se encuentra en la parte inferior de la Lámina, que es el cuerpo o personalidad.

El Cristo o Alma se encuentra en el centro de la *Lámina*, representada por una *Llama Triple*, que es el Cristo, intermediario entre la Presencia *Yo Soy* –o Dios– y la personalidad. Los siete círculos concéntricos rodeando al *Cristo Interno* representan el *Cuerpo Causal*, donde está grabada la sabiduría acumulada a través de las edades. Su nombre es *Yo soy lo que Yo Soy*, y debe ser pronunciado para llamar al *Cristo* a la acción.

Personalidad: El ser inferior representa a la personalidad, al yo inferior o el cuaternario inferior, que está compuesto por los cuerpos: físico, etérico, astral y mental inferior. Estos cuatro vehículos inferiores en equilibrio son representados por un cuadrado que forma la Cruz de Malta. Además es éste el Patrón Electrónico del Maestro Saint Germain y de la Era del *Rayo Violeta*. En el centro de la Cruz se encuentra un corazón con la *Llama Tripartita*, que es el reflejo del Cristo viviendo en el corazón de cada ser humano, expresando, a través de la *Triple Llama*, los tres aspectos de Dios que son esencia del *Yo Soy* y del Cristo.

El *Rayo de Luz* que une al ser inferior con el Cristo y la Presencia *Yo Soy* es el *Cordón Plateado*, a través del cual la vida de la personalidad, el *Cristo* y el *Yo Soy* se comunican durante los períodos de encarnación. El tubo de color violeta que rodea al cuerpo inferior es el Pilar de Fuego Violeta Consumidor que debe rodear a todo estudiante en el *Sendero de Ascensión* para la protección y purificación de su naturaleza inferior. El Pilar de Luz Blanca que sobresale al Violeta es la *Llama de la Ascensión* que otorga la victoria final del círculo de la vida, que es la unificación del ser inferior con el *Cristo Interno* y, finalmente, con la Presencia *Yo Soy*, hecho lumínico que se conoce en los planos internos como la Ascensión.

Capítulo 4
Reencarnación

La Reencarnación es el nacer y volver a renacer en la Tierra tomando cuerpo físico, proceso que se llama *Samsara*, a través del cual el ser humano va evolucionando hasta cumplir con el *Plan Divino De Perfección*, que es vivir de acuerdo a la verdad y adquirir su liberación absoluta.

Nos liberamos de reencarnar mediante la Ascensión, que es el proceso mediante el cual nos fundimos dentro del Cuerpo de Luz de la presencia de Dios, y allí nos liberamos de todas las ataduras y sufrimientos de la vida. En cada reencarnación el ser que reencarna es el mismo Ser, pero más evolucionado y con un cuerpo diferente.

Hay personas que se niegan a aceptar la reencarnación, pero eso no importa, no es obligatorio aceptarlo para seguir estudiando Metafísica.

La reencarnación es negada por algunas personas y religiones porque la memoria de la reencarnación está en el cerebro del Cuerpo Físico, y al morir, ésta se pierde con el cuerpo y no nos acordamos quiénes hemos sido en otras vidas. Pero algún día se darán cuenta que para convertirse en Maestro de la Energía es imprescindible realizar estos estudios sobre las leyes de la vida, para poder comprender las *causas* ocultas de todas las cosas. Mucho de lo que nos sucede hoy en día está determinado por lo que hemos hecho en vidas anteriores.

Cuando llega el momento de saber algo, se acepta y se comprende lo necesario sin problemas, traumas ni angustia. Así llegarás a aceptar la reencarnación. Tú no tienes porqué vivir en el plano de la lucha, peleando por aprender una ciencia, conseguir un trabajo o lo que sea. Afirma: "Yo no estoy en el plano de la lucha". El plano de la lucha en el que viven la mayoría de las personas es un infierno. Poner en práctica esta enseñanza nos conduce al cielo.

Todo en la naturaleza se transforma, nada se mantiene igual ni desaparece totalmente. El agua que cae cuando llueve es absorbida por la tierra, y al mezclarse con ésta se transforma en pantano. De este pantano, los árboles absorben su alimento y transforman esa agua en clorofila, que se convierte en fruto. Este fruto, al ser comido por el hombre, se vuelve energía vital para su cuerpo, y así continúa la transformación de la energía en una rueda interminable. Esto quiere decir que la energía del agua va reencarnando o tomando carne o cuerpo de diferentes formas. Así vemos que toda energía puede encarnar en diferentes cuerpos y formas, como puede ser la de una manzana, una rosa, un cisne o un sistema planetario.

Existe un principio universal que se ve actuar en toda la naturaleza, y es el *Principio de Vibración*. Este principio es el que impulsa a todo a moverse e irse transformando; pone todo en movimiento por completo, así como en una danza cósmica. Nada se estanca en la naturaleza; acuérdate que: "Agua que se estanca, se pudre".

Si todo se transforma y nada desaparece, ¿por qué el ser humano, que es la máxima expresión de Dios, de la Madre Naturaleza, tiene que morir? La respuesta es que nunca hemos muerto y jamás moriremos, como dice el credo católico: "Creemos en la resurrección de la carne y en la vida perdurable, amén". **No existe la muerte**.

Cuando con el transcurso de los años el Cuerpo Físico ya no nos sirve para realizar el trabajo que debemos hacer en la vida, lo tenemos que cambiar −así como cuando uno se cambia un traje que ya no es útil− y a esto se le llama desencarnar. Al igual que cuando ya no nos sirve un traje no lo volvemos a usar, al morir, lo mejor es cremar ese vehículo al que nunca más volveremos.

Muchas veces, sin haber actuado o cantado en público nunca, se nos ofrece hacerlo y lo ejecutamos como si toda la vida lo hubiéramos practicado. Esto es porque lo hemos aprendido en otro momento y no nos acordamos, pero nos quedó la esencia de ese saber. Es común ver niños que nacen con la facultad de enseñar, y lo hacen como un pedagogo, cuando ni siquiera han ido a la primaria. Esto es porque en otras vidas fueron maestros. Todo aquello que sabes en esta vida sin que nadie te lo haya enseñado es porque lo aprendiste anteriormente. **Ningún conocimiento o sabiduría viene gratis, todo es logrado mediante un esfuerzo calificado**.

Mozart a los cuatro años ya tocaba piano y sabía componer. Es casi imposible encontrarle una razón lógica a esto, porque los estudios para poder llegar a componer duran casi diez años, e igual tiempo se requiere para tener la destreza en un instrumento.

Sencillamente, Mozart lo aprendió en una vida anterior y nació como tal, con todos los conocimientos adquiridos.

Tú viniste a la Tierra con un Propósito Divino, que es llegar a ser un Maestro de Sabiduría conocedor y solucionador de todas las circunstancias y problemas; y después que lo consigas, le enseñarás a los demás cómo hacerlo. Esos son los Maestros que existen hoy en día y que desde planos superiores ayudan a la humanidad en su evolución, como el Maestro Jesús.

El planeta tierra es nuestra gran escuela, y sus aulas de aprendizaje son nuestro hogar, el trabajo, el grupo espiritual al que perteneces y tu círculo de amigos. Cuando tengas un problema, no te angusties, no llores ni te desesperes; es una lección que tienes que aprender, y lo que hay que hacer es conseguirle la solución, pero llorando o desesperándote no vas a lograr nada. Para eso existe la meditación; uno debe meditar y conseguir la resolución de sus situaciones por la vía de menor resistencia, esto es, usando los *Siete Aspectos de Dios, los Siete Principios*, y aplicando los *Rayos*.

Para comprender mejor la evolución mediante el proceso de reencarnación, la mente humana ha agrupado a los seres humanos, según su estado evolutivo, en tres "aulas" que son las de la ignorancia, el aprendizaje y la sabiduría, donde pasamos 777 reencarnaciones para cumplir el ciclo evolutivo de la Tierra.

La primera de ellas es el "aula de la ignorancia", donde se encuentran los seres más primitivos, casi cavernícolas, que sólo se mueven por instintos. Se dice que allí se pasan 700 reencarnaciones.

Si observáramos a la gente en la calle, nos daríamos cuenta que no son pocos los que andan con un libro en las manos; las librerías están llenas de gente que compra libros, todo el mundo quiere aprender, y apenas se abre un curso de cualquier materia que explique algo sobre las leyes ocultas del Ser, el vivir y el espíritu, la gente corre a tomarlo. Todo esto nos demuestra que estamos evolucionando hacia "el aula del aprendizaje" y queremos salir de la miseria y el atraso. Se dice que en el "aula del aprendizaje" se pasan 70 reencarnaciones. Conformarse con la ignorancia y ser pesimista, aceptar los problemas con resignación atrasa, causa miseria, guerras, hambruna y muchos males más, como vemos que sucede en algunos países. Por este motivo, el ser humano trata de aprender.

Por último, tenemos el "aula de la sabiduría", donde se pasan 7 reencarnaciones. En este período de evolución de la humanidad están los más adelantados de la raza humana, que ya han desarrollado el conocimiento de sus emociones, sentimientos e instintos. Desenvuelven el amor a un nivel más alto que el físico y el puramente instintivo. Aprenden a sacrificar sus sentimientos por el bien de la comunidad, sienten por los demás, desean el bien de las otras personas como si fuera propio, quieren enseñar a los demás el uso de los *Siete Principios Universales*, quieren mostrar que Dios puede hacernos un milagro proporcionándonos lo necesitado.

De las personas que desean comunicar esta enseñanza surgen los héroes espirituales, que ofrecen sus vidas por el bien común. Estas personas son la flor de la humanidad, la gente más evolucionada, como lo han sido el Maestro Jesús, San Francisco de Asís, José Gregorio Hernández o la Madre Teresa de Calcuta.

EL INFIERNO

El infierno es un estado de consciencia de lucha, angustia e infelicidad; es también el período que pasan las almas pagando las deudas de amor que han dejado sin saldar en su pasado, pero no necesariamente se encuentra en el más allá.

El diablo es nuestra propia mente, que nos hiere con el tenedor de nuestras auto-acusaciones, malas calificaciones y decretos negativos. Esto, en todo el sentido de la palabra, es un infierno, pero que no es eterno.

Nada es eterno en el universo salvo la **vida**, y la ley de la vida nos da la oportunidad de corregir nuestros errores del pasado en el presente.

No existe la condenación eterna. Es imposible que dentro del corazón, luz de Dios, exista la condenación eterna; lo que existe es el amor eterno. Uno siempre debe reconocer a un sólo Dios, y este Dios es el Absoluto, ese Ser que contiene dentro de sí a todos los seres, los planetas y todas las galaxias. Jamás hay que ponerse a creer en la mentira creada por los pintores y artistas de la Edad Media, de un Dios antropomórfico, personal, que está montado en una nube, dirigiendo a la humanidad arbitrariamente y condenando a sus hijos a un infierno en llamas. Ningún padre mortal, humano e imperfecto es capaz de semejante crueldad; entonces, ¿cómo vas a creer que Dios es capaz de tamaña infamia?

EL CIELO

El cielo es un estado de consciencia de felicidad y perfección; es nuestro verdadero hogar. Todos tenemos derecho a vivir en él. Es el estado perfecto del Ser. Vivir en el cielo es nuestra *verdad*, nuestro *Plan Divino de Perfección*. En él vivimos cuando todas las *causas* que hemos movido positivamente se nos devuelven para bendecirnos y bañarnos de luz.

Jesús dijo: *"Conoce la Verdad y ella te hará libre"*. Libre de la ignorancia, la infelicidad, la angustia, la maldad y el desasosiego. Todo el que es libre, es feliz. Jesús enseñó: *"Al que cree, todo le es posible"*.

TRIBUNAL KÁRMICO

El *Tribunal Kármico* es el conjunto de Maestros Ascendidos que llevan el récord y memoria de la evolución de las corrientes de vida que evolucionan en la Tierra. Ellos se encargan de la distribución y balance del *Karma* individual, grupal, nacional, racial y mundial, trayendo la encarnación a las "corrientes de Vida" en el momento apropiado según su rayo, Plan Divino y *Karma*. Depende directamente de la *Cámara del Concilio de Shamballa*, conteniendo los Archivos Akáshicos que se encuentran en el Royal Tetón.

Los miembros de este *Tribunal Kármico* son: Pallas Atenea, La Madre Kwan Yin, El Elohim Vista Ciclópea, Lady Portia, La Madre Alexa, El Señor Saithru, Lady Nada, La Madre María y Sri Magra.

Pallas Atenea

Capítulo 5
Oración

CONCEPTO INMACULADO

El *Concepto Inmaculado* es el patrón puro y perfecto que se tiene como "Designio Divino" para cada ser humano, situación, lugar o cosa. El *Concepto Inmaculado* demanda la perfección para todo lo existente. Puede ser sostenido y manifestado a través de la mente y el sentimiento.

El *Concepto Inmaculado* existe para que el cuerpo físico o la personalidad lo mentalice, contemple, demande y se asemeje a la gloria de su *Cristo Interior* y presencia *Yo Soy*.

Sostener el *Concepto Inmaculado* de una persona es mantenerle, con el pensamiento y el sentimiento, la imagen de perfección de su Divina Presencia de Dios *Yo Soy,* para que exprese en el plano físico esa perfección, y no manifieste enfermedad, pobreza, carencia, división, duda, fealdad o guerra.

Además de sostener el *Concepto Inmaculado* de una persona, se puede hacer lo mismo con un hogar, empresa, situación, cosa, país o con lo que uno desee.

La Madre María le sostuvo a Jesús el *Concepto Inmaculado* de perfección durante toda su vida, y por habérselo mantenido durante tres horas en el Calvario, logró que Él resucitara al tercer día.

ORACIÓN CIENTÍFICA

Es la puesta en práctica del *Principio de Mentalismo*, el decreto, los *Siete Principios, el Cristo, el Yo Soy* y todo lo que contiene esta enseñanza para conseguir, de forma infalible y armoniosa, lo que te esté haciendo falta para manifestar el *Concepto Inmaculado*, siempre y cuando esto no vaya en contra de otra persona.

Dice Jesús que cuando vayas a orar y te encierres en secreto en tu aposento alto dentro de ti mismo, no te pongas a decirlo porque desparramas la fuerza. Métete dentro de la consciencia de tu *Cristo Interior*.

Científico es todo aquello que se puede comprobar. Esta oración es científica porque, si la aplicas correctamente, puedes percatarte de su efectividad.

Cuando uno va a orar, no puede estar pensando negatividades como que no se merece lo que pide, que es imposible, que es mucho, que cómo Dios lo va a hacer, u otras ideas que desbaratarían el efecto de la Oración Científica. Otra cosa muy importante, es memorizar la fórmula y no alterarla ni dejar de decir ninguna frase, porque todo su contenido tiene un propósito específico.

"Amada Presencia de Dios *'Yo Soy lo que Yo Soy'*, en armonía para todo el mundo, bajo la gracia y de manera perfecta, yo decreto .... Gracias Padre, porque ya se cumplió".

Ya sabes el poder que tiene el *Yo Soy*; decirlo en armonía para todo el mundo y de manera perfecta es para que, al cumplirse tu decreto, no ocasiones ninguna calamidad a alguien y que todo el mundo quede contento.

El dar las gracias por algo antes de recibirlo es la demostración de fe más grande que puede existir.

BENDICIÓN

La *Bendición* es el acto de alabar, engrandecer, ensalzar a una persona, condición o cosa. Todo lo que se bendice se multiplica. Por lo tanto, al bendecir las cosas, a nuestros estudiantes, nuestro dinero, salud, bienestar, esto se multiplicará; pero si bendecimos indiscriminadamente a un pobre que vemos en la calle, un ladrón o facineroso, estaremos aumentado esa cualidad en él.

Igualmente, si bendecimos todo nuestro hogar, a la familia o a un hijo, estamos aumentando lo bueno y lo malo también. En vista de esto, sólo debemos bendecir el bien o lo bueno en las personas y en todo lo que veamos. Si le damos una limosna a alguien, debemos decirle: "Bendigo tu prosperidad". Al bendecir tu hogar, tu trabajo o a un familiar, di: "Bendigo el bien que hay en ti". Debemos ser una bendición para todo el que nos vea, contacte y piense en nosotros.

Cada vez que estés pasando una *apariencia* de problema, una situación a la que no le encuentres salida, algo que no comprendas, puedes decir en silencio o en voz alta: **"Bendigo el bien en esta situación, lo declaro y lo quiero ver"**. Verás cómo la situación se transforma. Y si ves que esto no sucede de inmediato, ten fe y espera con expectativa gozosa, que en el momento menos esperado, Dios te sorprenderá favorablemente.

Cuando estés planchando, barriendo, limpiando o reparando algo, bendice el bien de lo que estás haciendo, y así le irradiarás felicidad, entusiasmo y buenos deseos a todo el que esté realizando algo parecido a lo que tú haces. Eso se te devolverá, de modo que tu tarea te resultará más simpática, agradable y maravillosa.

Lo contrario de bendecir es maldecir, que es impregnar de negatividad y malos deseos cualquier cosa. Por ley de *causa* y *efecto* o *Karma* toda maldición terminará devolviéndosele a quien maldice, por eso nunca debemos maldecir.

La *Bendición* básicamente es el acto donde nosotros alabamos, engrandecemos, ensalzamos a una persona, condición o cosa. Cuando se bendice algo se hace una invocación del apoyo activo de la Presencia de Dios *Yo Soy* para producir bienestar, prosperidad y manifestación de los *Siete Aspectos de Dios*.

Todo metafísico que vive de acuerdo a los *Siete Principios Universales* y los *Siete Aspectos de Dios* goza de la *Bendición Divina*. Podemos trasmitir este estado de consciencia por medio de la *Bendición*.

Bendición quiere decir "bien decir", decir o hacer resaltar el bien de las cosas, personas o lugares. Todo lo que como Facilitadores bendecimos se multiplica, aumenta. También bendecir es el acto de hacer positivo algo negativo. Cuando los sacerdotes católicos bendicen, hacen la señal de la cruz sobre lo que se desea bendecir, sea esto un objeto, lugar, situación o persona. La señal de la cruz es hacer el signo negativo, que es una línea horizontal sobre una vertical, y convertir el signo de menos en más, lo negativo en positivo. Antiguamente, durante el período Bizantino, Románico y hasta en el Barroco, las iglesias plantaban una cruz, sea griega o latina, para tener positivizado el lugar donde se dice la misa.

Como estamos en un mundo dual, porque somos seres inascendidos, todo tiene dos polaridades, en este caso positivo y negativo, y para protegernos de la polaridad negativa es que cuando bendecimos aclaramos, pensamos, sentimos y proyectamos que sólo sea el bien.

La práctica de bendecir sólo el bien, la aprendí de mi maestra Conny Méndez; a ella nunca le fue mal en términos generales, implementando su práctica y a mí tampoco. Por eso no varío la fórmula y la enseño así, aunque hubo personas que fehacientemente me la han contradicho, argumentándola con diferentes razonamientos. Pero como a esas personas no las he visto vivir mejor que a mi Maestra, no les he hecho caso en sus encadenamientos de palabras producto de su mente. De todas maneras, comprobar la efectividad de la *bendición* es muy fácil viendo cómo bendice al que le va bien y cómo bendice al que le va mal.

TRATAMIENTO AL TRATAMIENTO

El tratamiento al tratamiento, valga la redundancia, es un tratamiento que se hace para no volver a repetir el decreto u oración ya realizado. Cuando ya le has hecho a una situación la *Oración Científica*, suficientes tratamientos y decretos, no tienes ningún temor a que se cumpla, ves que por tu mente ya no pasa ningún pensamiento negativo al respecto pero te percatas que la situación no se soluciona, lo que te queda es seguir teniendo fe inquebrantable y hacer el *tratamiento al tratamiento*, esto es, no creer que otro tratamiento más poderoso o efectivo se puede realizar. Por el contrario, decir y pensar: **"Yo ya le hice el tratamiento a esa situación, y Dios ya está actuando allí".**

Existen cristalizaciones muy fuertes que necesitan tiempo para romperse; tú no puedes acelerar el proceso. **Dios necesita su tiempo y se lo toma, ya que cuando hace las cosas, las realiza perfectas, sin errores.** Ten paciencia; si el tratamiento no te funciona de inmediato, acuérdate de hacer *el tratamiento al tratamiento*. Ten fe y espera, que Dios tarda pero no olvida.

FE

Fe es la confianza en que sólo lo bueno nos va a suceder. Uno no tiene fe en un accidente automovilístico, ni en que se va a suspender la fiesta. Eso es temor, que es lo contrario a la fe. Lo que uno teme, lo atrae así como se atrae a lo que se tiene fe.

A lo único que hay que temer es al temor. Cada vez que te encuentres con temor, repite: **"Yo no tengo temor, yo tengo fe."** En caso de que te encuentres dudando de la efectividad de la fórmula de la *Oración Científica*, o de la aplicación de un decreto o tratamiento, hazle un tratamiento al tratamiento y afirma: **"Yo tengo fe en la Oración Científica que hice, yo decreto que mis tratamientos son efectivos y siempre se cumplen."**

¿Por qué vas a tener temor? ¿Por qué te vas a negar al triunfo de la Luz? Repite: "A lo único que hay que temer es al temor". Es más, si no lo haces, eres cómplice del mal. Tienes que asumir el poder de Dios para producir el bien, porque es el compromiso que da el conocimiento lo que redundará en beneficio de tu progreso espiritual y el de toda la humanidad.

MEDITACIÓN

La *Meditación* es el único medio que nos permite descubrir y corroborar el cumplimiento de todos los objetivos de la Metafísica por nosotros mismos.

Para poder ejercitar la *Meditación* es indispensable poner en práctica **la observación, la atención, el silencio y la soledad**, asunto que tanto bien hace a nuestro Ser Interior.

SANTO ALIENTO

El *Santo Aliento* es un ejercicio respiratorio enseñado por El Santo Aeolus o el Espíritu Santo Cósmico que consiste en cuatro pasos: absorber, retener, expandir y permanecer vacíos del aire y, por medio de este ejercicio de respiración, absorber las radiaciones de Dios, los Elohim, Arcángeles y Maestros Ascendidos expresadas en los *Siete Rayos*. Como el Espíritu Santo es el aliento de vida, es Él quién rige el *Santo Aliento* y éste es el motor de la *Sagrada Energía Curativa*. La respiración es el origen de la vida. El Santo Aeolus es el que nos da todas las respiraciones al nacer y vivimos según el número de respiraciones que nos haya otorgado.

Santo Aeolus

El Santo Aliento consiste en cuatro pasos:

Inspirando – Inhalación

Absorbiendo – Reteniendo

Expandiendo – Exhalando

Proyectando – Descansando

Hagamos la práctica diciendo internamente en cada uno de los pasos:

Inhalando: "Yo Soy Inspirando"

Reteniendo: "Yo Soy Absorbiendo"

Exhalando: "Yo Soy Proyectando"

Descansando: "Yo Soy Expandiendo"

La respiración ha de ser diafragmática, esto es, inflando el vientre lleno de aire. Presta atención a cómo el diafragma crece y decrece. El *Santo Aliento* es en la *Nueva Era*, lo que se conoció en el Yoga de la antigua India como el *Pranayama*.

Uno puede hacer el *Santo Aliento* absorbiendo en cada ejercicio uno de los *Siete Rayos* y los dones de cada uno de ellos. Si nos concentramos en un punto determinado del cuerpo o en otro sitio, allí fluirá la Energía Vital cargada con los dones del rayo que estemos visualizando y decretando.

Ante toda apariencia de enfermedad o problema, si uno hace el *Santo Aliento* absorbiendo los dones de la divinidad que sean requeridos se podrá lograr con ella la disolución de la *causa* que a uno lo aqueja.

De esta manera podemos aliviar dolores en un determinado lugar del cuerpo, disolver tensiones, aliviar angustias, disolver odios, salir de situaciones pesadas, resolver problemas sentimentales, solucionar asuntos económicos.

MEDITACIÓN EN EL CRISTO

Cuando deseemos entrar en comunión con Dios, busquemos un lugar donde nadie nos perturbe, en silencio, y allí, solos, relajemos todo el cuerpo, estemos acostados o sentados. Cerremos los ojos y llevemos la atención hacia todo lo que connota nuestro Ser.

RELAJACIÓN

Soltemos todos los problemas y no pensemos en nada que nos perturbe. Relajemos y desarruguemos la frente, aflojemos las tensiones de la cara, los hombros, los brazos, las piernas y todo el cuerpo. Quedémonos unos minutos en paz con nuestro propio Ser. Olvidémonos de todas las molestias y lo que pueda perturbarnos; cuando ponemos nuestra atención en cualquier cosa desagradable, nos convertimos en eso mismo que nos desagrada y disgusta perdiendo nuestra paz interna, ya que nos turbamos física, emocional y mentalmente.

La fuerza que nos permite vivir, pensar, sentir, movernos, mirar y hacer todo lo que queremos, está dentro de nosotros en *el Cristo* que nos da la vida. Esto es como si el mismo Dios estuviera dentro de nuestro cuerpo con todo lo que *es*, su inmenso **amor**, **poder** de hacer milagros y profunda **sabiduría**.

Pongámonos a ver, a darnos cuenta de lo que *somos* para nosotros mismos sin la opinión que tienen los demás. Sintamos los latidos del corazón y pensemos: **"Dios palpita en cada latido de mi corazón, yo lo siento y sé que está conmigo en cada instante de mi vida. Por medio de los latidos de mi corazón me uno a todo lo que vive y palpita cerca de mí y más allá todavía, así llego hasta el confín del universo".**

RESPIRACIÓN

Volvamos la atención hacia nuestra respiración. Toda vez que respiremos inhalando, reteniendo y exhalando, concienticémonos que nos estamos compenetrando con la vida crística. Sintamos la vida de *El Cristo*. Esa vida que nos permite existir es el propio Cristo que es inherente a nuestro aliento, ya que es nuestra vida.

(Inspirando)

     Yo soy inspirando el Cristo

(Reteniendo)

     Yo soy absorbiendo el Cristo

(Expirando)

     Yo soy proyectando el Cristo

(Descansando)

     Yo soy expandiendo el Cristo

Reflexionemos pausadamente, concienzudamente: **"Yo llevo a Dios en mí y lo pienso al pensar, lo siento al sentir, lo veo al ver, lo huelo al oler, lo saboreo al saborear y lo oigo al escuchar."** Al reconocer *el Cristo* en toda acción y cada parte de la vida que nos rodea, estamos viendo a Dios en todo, porque el que vive y conoce *el Cristo*, conoce a Dios y vive en Dios.

Pensemos y sintamos en cada latido: "Yo soy el Cristo en mí". Reconozcamos que cada ser humano es un *Cristo en acción*; de esta manera convirtamos este mundo de seres humanos en algo semejante al cielo donde habitan todos los santos.

Capítlo 6
Siete Rayos

En toda la Biblia, Dios se esmera en decir y volver a repetir que Él es luz. Cuando Moisés habló con Dios en el Sinaí, lo que vio fue una Llama ardiendo: **"Apareciósele el Ángel de Jehová en una Llama de Fuego en medio de una zarza"**. Y por si esto fuera poco, en su Evangelio, San Juan expresa: **"Dios es luz"**.

La luz está compuesta por siete colores. Esto lo comprobamos al descomponerla con un prisma o cuando, de forma natural, se forma el arco iris en el cielo. Dios se manifiesta a través de todos los rayos que la divinidad contiene. Como Dios es luz, cada uno de los rayos que componen esa luz es un aspecto de Dios, y como existen *Siete Rayos*, hay *Siete Aspectos de Dios*.

Los *Siete Rayos* es lo que se conoce como los *Siete Aspectos de Dios*, los *Siete Dones del Espíritu Santo* y, también, como las *Siete Sabidurías*. Hemos venido a la Tierra a desarrollar los *Siete Aspectos de Dios*; desenvolverlos es lo que se llama *evolución*, no tenerlos manifestados es lo que se llama las *Siete Pobrezas*.

Podemos invocar a cada uno de los *Siete Aspectos de Dios*,

asociados a un *Rayo,* para producir en nuestra vida la felicidad que Dios promete en el Paraíso Terrenal. Jesús dice: **"Al que venciere daré a comer del árbol de la vida, el cual está en medio del Paraíso."** Los maravillosos frutos de este árbol, del que vamos a comer y disfrutar, son las *Siete Cualidades de Dios.*

Cualquier problema, amargura, inconveniente o desgracia que sucede es la ausencia de un Aspecto de Dios en tu vida o en la vida de los demás; por lo tanto, al invocar a Dios decretando una Cualidad Divina donde ésta sea necesaria, puedes hacer algo a tu favor y a favor de los demás, y así suplir la ausencia con uno de los *Siete Aspectos de Dios* que se expresa en una de las *Llamas* de ese maravillosa luz que Él mismo *es.*

Siempre hay un aspecto de Dios que se adapta a suplir lo necesitado, y al invocar la Cualidad Divina, te puede ayudar muchísimo visualizar con tus ojos espirituales el color de la *Llama de la Virtud de Dios* que invocas. Recuerda lo que dice el Salmo 39: **"En mi meditación se encendió Fuego".**

Cada día de la semana recibe la influencia de una de las cualidades de Dios por medio de uno de los *Siete Rayos.* Rayo Azul, el domingo; Rayo Dorado, el lunes; Rayo Rosa, el martes; Rayo Blanco, el miércoles; Rayo Verde, el jueves; Rayo Oro-Rubí, el viernes; y Rayo Violeta, el sábado. Si queremos armonizarnos con la radiación de cada día, podemos vestirnos con el color del Rayo del día.

MAESTROS

Hoy en día es mucha la gente que conoce de la existencia de los Maestros. Estamos en la Era en que estos Maestros se están dando a conocer a toda la humanidad. Muchas religiones les dan el nombre de Santos, otros el nombre de Maestros, Mahatmas, Gurús, Buddhas o de Iluminados.

Estos Maestros no son personas extrañas, son seres que hemos conocido con otros nombres, encarnados en diferentes religiones. Ellos hace muchísimo tiempo comenzaron a estudiar Metafísica, así como ahora lo estamos haciendo nosotros, y han llegado a ser Maestros Ascendidos después de cumplir con los siguientes requisitos: lograr el perfecto control de su mente, emociones y cuerpo físico, aunado a un perfecto manejo de la *Ley del Karma*, hasta el punto de no tener que pagar ningún *Karma* negativo, manifestando plenamente su *Plan divino de perfección* y el desarrollo del *Perdón Absoluto*; haber salido de la rueda de reencarnaciones, después de realizar sus 777 encarnaciones, pasando por las tres Aulas de la "Ignorancia", el "Conocimiento" y la "Sabiduría", realizando a través de ellas, todas las vivencias que un ser humano atraviesa en su vida diaria, y trascendiéndolas, al implementar los *Siete Aspectos de Dios*; ser un *Cristo* despierto con sus tres aspectos manifestándose en el plano operativo de la vida, luego de haberse unificado con su Todopoderosa Presencia *Yo Soy*.

ASCENCIÓN

Todos estos Maestros llamados "Ascendidos" han pasado por lo que se llama el proceso de la *Ascensión*, es decir que ascendieron los cuatro vehículos inferiores de su personalidad y los volvieron uno con el fuego de su *Santo Cristo Propio*, y luego, uno con el fuego de su Magna Presencia *Yo Soy*. Cada Maestro Ascendido trabajó para uno de los *Siete Rayos*.

JERARQUÍA ESPIRITUAL

Los Maestros Ascendidos viven en perfecta unidad conformando una hermandad que se conoce como la *Jerarquía Espiritual*, pero no pertenecen a ninguna religión específica, sino que ellos alimentan espiritualmente y sostienen con su radiación a todas las religiones y a la totalidad de la humanidad, porque son completamente incluyentes y nunca discriminan a nadie por ninguna cosa.

SHAMBALLA

Shamballa es el Hogar de la *Jerarquía Espiritual* del planeta Tierra, "El Lugar donde la Voluntad de Dios es conocida." Está dirigida actualmente por el Señor Gautama Buddha, ubicada fuera del tiempo y el espacio cognoscibles, está conectada en el reino etérico sobre Long Island, en los Estados Unidos de Norteamérica. El día 26 de Noviembre de 1964 fue trasladada desde el desierto de Gobi a Long Island. Estas ubicaciones nada tienen que ver con lo que los países mencionados representan actualmente, sino que han sido tierras sagradas del pasado. Mongolia fue parte de un continente que se hundió en el Pacífico llamado "Lemuria", y Estados Unidos fue parte de un continente que se hundió en el Atlántico y se llamó "La Atlántida".

Existe lo que se llama "El Triunvirato de Shamballa" que es el cuerpo directriz de toda la *Jerarquía Espiritual* conformado por el Señor Sanat Kumara, Gautama Buddha y Lord Maitreya.

SEÑOR DEL MUNDO

Gautama Buddha

Siddhartha Gautama Buddha es actualmente el *Señor del Mundo*, la cabeza de la *Jerarquía Espiritual* de Shamballa, y por debajo de Él trabajan: los *Siete Maestros* o Chohanes que dirigen los *Siete Aspectos* a través de los cuales Dios se manifiesta en la Tierra conocidos como los *Siete Rayos* o *Llamas*. Tres de ellas son las que nosotros tenemos ancladas en nuestro corazón. El *Señor del Mundo* heredó este cargo del Señor Sanat Kumara en el año 1956.

El Buddha fue conocido en una de sus encarnaciones como Siddharta, príncipe de Kapilavastu, pueblo al norte de la India. Era un ser de una luz extraordinaria y de una gran belleza física. Nada tiene que ver con los buddhas gordos, feos y grotescos de las estatuas.

Las enseñanzas del Señor Gautama no están matizadas por ninguna religión, creencia ni tendencia, tampoco por la base de creer en un Maestro Ascendido, y actualmente todavía se conserva así. Él no fundó la religión llamada Buddhismo y muchas sectas buddhistas contradicen lo que Él enseñó, ya que no instruyó que lo siguieran sino que cada uno encontrara su propia luz, como dijo en el último sermón: **"Sean Lámparas para ustedes mismos"**; esa es la clave de su enseñanza: ustedes no tienen que estar buscando a ningún canal autorizado de los Maestros, ni traductor, ni página web que diga ser la que genuinamente tiene las enseñanzas de los Maestros, ni a nadie, ni a nada. **Sólo tienen que encontrar la luz que ustedes tienen y ser sus propios maestros**.

Por eso, todos los Maestros de cada uno de los *Rayos*, con sus cualidades y características, no se parecen unos con otros, son muy distintos. Los discípulos de los Maestros difieren unos de otros de una manera casi incomparable. El único que puede tener juntos a todos los Maestros y que cada uno de ellos sea como quiere ser, es el Señor Gautama. Él es como todos los demás. En una reunión con el Señor Gautama, los que se quieran sentar en el piso a la manera hindú, porque tienen tendencia oriental, lo hacen; si viene Saint Germain, con su capa, cetro y corona, se comporta como en una corte; si viene el Maestro Hilarión, que le gusta andar con los cortes de moda y los trajes último modelo, también encuentra su lugar ante el Señor Gautama. El Señor Gautama es el único Maestro que permite que todos sean como son y no impone ninguna manera de ser.

Gautama Buddha manifestó de forma visible y tangible, ante los ojos de toda la humanidad, su realización del *Rayo Dorado* cuando recibió la Iluminación bajo el árbol Boddhi, en la ciudad de Bodhgáya, en la India. Todos sus seguidores (los monjes buddhistas) visten el color de la iluminación, que es el azafrán. Todo aquel que sigue las enseñanzas del Señor Buddha está en posibilidades de adquirir la Iluminación.

La *Llave Tonal* del Señor Gautama se encuentra en la "Canción de la India" de la Ópera "Sadko", del compositor ruso Nikolai Rimsky-Korsakov.

NOTA: La continuación y profundización sobre el Señor Gautama se encuentra en el libro "Resplandeciendo Eternamente", Editorial Señora Poteña, Buenos Aires, Argentina, 2005. También se recomiendan las lecturas de "Las Delicias del Señor Gautama", Editorial Plateada, Córdoba, Argentina, 1999, y de "El Señor Gautama", aunque hoy está fuera de edición.

RETIROS ETÉRICOS

Los *Retiros Etéricos* son campos de fuerza de la radiación de un Maestro o *Rayo* que se canaliza a través de un templo existente en el etérico, una región que está en una vibración un poquito más alta que el plano físico y por eso no se ve.

Cada *Retiro Etérico* tiene una correspondencia con una ubicación en el plano físico que generalmente son lugares de extraordinaria belleza, como pueden ser montañas, lagos, desiertos o edificaciones humanas de carácter solemne. Uno puede pedir ser llevado a estos retiros durante las horas de sueño. Además, cada mes del año uno de estos retiros se abre para recibir a los estudiantes de la Enseñanza e irradiar la luz de Dios para bendecir a la humanidad.

ESPÍRITUS ENVOLVENTES

Los *Espíritus Envolventes* de cada año son Seres de Luz que deciden bendecir a la Tierra con su radiación, para beneficiar a la raza humana en su evolución. Esta influencia siempre se ha sentido en la tierra, sea uno espiritual o no, lo avise alguien o no.

Sólo observando con un poco de inteligencia, uno puede percibir la radiación del *Espíritu Envolvente* de cada año en particular.

El año en que el Papa Juan Pablo II decidió reunir por primera vez a todos los dirigentes espirituales de las más importantes religiones en Asís, por ley de correspondencia y de *causa* y *efecto*, estaba como Espíritu Envolvente el Señor Koot Hoomi, que fue San Francisco de Asís. Él es el dirigente oculto de todos los Directores Espirituales de la Tierra. El año en que Amida Buddha fue el *Espíritu Envolvente* se desplegaron las exposiciones más importantes sobre Buddhismo que se hayan hecho en la Tierra; hasta hubo una en el Museo Metropolitano de New York.

En el año 2000, cuando fue el *Espíritu Envolvente* el Señor Gautama, se efectuó en Singapur por primera vez en cientos de años, el más grande Congreso de Buddhismo de todas las sectas de esta religión que existen en la Tierra. En el año 2001 en que el *Espíritu Envolvente* fue el Maestro el Morya, el Papa nombró a Santo Tomás el Moro, que es una de sus reencarnaciones, como patrono de los políticos y gobernantes del mundo, y el Morya ocupa ese cargo en los planos internos. También la Galería Nacional de Londres le hizo a Santo Tomás el Moro un despliegue en el museo de sus cuadros que lo retrataban y puso al Santo en la puerta de la Galería.

En 2002, año en que estábamos bajo la radiación de los dioses Merú, no fue por casualidad que el best seller de literatura en toda Europa y traducido a varios idiomas fuera una novela llamada "Inca" que habla sobre los dioses Merú, y que cantidad de librerías en Italia y en otros países hayan decorado sus escaparates con motivos incaicos.

Para el 2006, año en que Lady Nada es el *Espíritu Envolvente*. Su vida está reflejada en la historia de la Cenicienta, y los estudios Walt Disney harán una nueva copia digitalizada de esta película.

Esto trae un gran bien y motivación que produce el despliegue de literatura espiritual, grabaciones, música, meditaciones, y cosas bellas que se publican cada vez que se dice que un Ser de luz es el *Espíritu Envolvente* de un año.

Lo importante de todo esto y lo que a la *Jerarquía Espiritual* de Shamballa más le importa es que hay un objetivo anual grupal, mundialmente conocido, donde se da a conocer mucho de la vida y obra de uno de los miembros de la *Hermandad Blanca* para ayudar a aliviar la carga negativa de la Tierra, contribuyendo para su ascensión. Esto es incuestionablemente beneficioso; un trabajo tan maravilloso que se está haciendo ininterrumpidamente hasta nuestros días. Actualmente, hay almas conectadas a este nobilísimo propósito de Shamballa que lo continúan propagando; siempre se seguirá haciendo, hasta la ascensión de toda de la humanidad cuando se convierta en la Santa Estrella de la Libertad.

Generalmente, el *Espíritu Envolvente* de cada año es anunciado por nuestras páginas Web.

LLAVE TONAL

Es el sonido de un Ser de luz que atrae su presencia y puede ser encontrado dentro de una obra musical, sea ésta armónica o melódica, sinfónica, coral o instrumental. Generalmente en su sonido se describe la naturaleza de este Ser de luz. *Las Llaves Tonales* se pueden usar para la invocación de los seres de luz y como fondo musical en las meditaciones e invocaciones.

ELOHIM

Los *Siete Elohim* son una de las principales *Jerarquías Creadoras* de la Tierra y los primeros que trajeron al planeta las cualidades de los *Siete Rayos*.

Hércules y Amazonas emanaron el Rayo Azul; Casiopea y Minerva emanaron el Rayo Dorado; Orión y Angélica emanaron el Rayo

Rosa; Claridad y Astrea emanaron el Rayo Blanco; Vista y Cristal emanaron el Rayo Verde; Paz y Tranquilidad emanaron el Rayo Oro-Rubí y Arcturus y Diana emanaron el Rayo Violeta.

Elohim Hércules

ARCÁNGELES

Arcángel Miguel

Son seres brillantes emanados desde el cuerpo de Dios y son los Directores de los Coros Angélicos. Los Arcángeles y los Ángeles son seres cuyos cuerpos son puro sentimiento, energías mentales, sonido, color u olor. Los Arcángeles son siete y cada uno de ellos tiene su Complemento Divino.

Luego de concluida la labor de los *Siete Elohim*, llegaron los *Siete Arcángeles* con sus complementos y proyectaron desde sus corazones sus cualidades al globo terráqueo en formación.

Miguel y Fe: El Rayo Azul de la Protección; Jofiel y Constanza: El Rayo Dorado de la Iluminación; Chamuel y Caridad: El Rayo Rosa de la Adoración; Gabriel y Esperanza: El Rayo Blanco de la Resurrección; Rafael y La Madre María: El Rayo Verde de la Consagración; Uriel y Gracia: El Rayo Oro-Rubí de la Ministración; Zadkiel y Amatista: El Rayo Violeta de la Invocación.

ÁNGELES

Los Ángeles están dentro de los Reinos Espirituales; trabajan obedeciendo a nuestros Maestros Ascendidos y a nosotros cuando estamos necesitados de su asistencia. Existen Coros Angélicos agrupados en los *Siete Rayos*. Los Ángeles del primer *Rayo* ayudan con la fuerza, la voluntad, el poder; los Ángeles del segundo *Rayo*, con la iluminación. También se puede invocar a los Ángeles para que cuiden a los hijos, a la pareja, a los padres. Uno debe ser amigo del Reino Angélico.

Los Ángeles comenzaron a evolucionar antes que nosotros. Ellos no tienen cuerpo físico, y su cuerpo es de pensamiento y de sentimiento; son muy sutiles. En la Iglesia Católica les ponen alas, porque son dos rayos de luz que salen y se ven como alas. Son muy lindos. Nosotros desearíamos, como dice la Biblia, que los seres humanos anduviésemos de la mano con el Reino Angélico. Hay que cultivar eso; nosotros los invocamos siempre. Uno puede invocar a las cortes de los Ángeles para que vayan delante de nuestros hijos, amigos y nuestro amante protegiéndolo, para que las maletas no se pierdan, para que la comida quede sabrosa.

San Isidro Labrador tiene su tumba en Madrid, a dos cuadras de la Plaza Mayor. Posee una historia muy linda: él era muy amante de Dios, iba a misa todas las mañanas, pero tenía que labrar la tierra a su amo quien estaba enojado porque San Isidro le quitaba tiempo al arado para ir a misa. Un día le prohibió que volviera a la casa de Dios. Sin embargo, San Isidro volvió una y otra vez, pero el amo se dio cuenta de lo que estaba pasando. San Isidro le pidió perdón porque estaba en misa y no estaba labrando la tierra. Y el jefe le dijo: "¿Por qué me pides perdón si toda la tierra está arada?". Los Ángeles le estaban arando la tierra a San Isidro. Muchas veces los Ángeles, cuando son nuestros amigos, pueden hacernos el trabajo. Eso es algo muy lindo.

Los Arcángeles son los jefes de los Ángeles. Existe un Arcángel para cada *Rayo*. La religión católica los conoce. Son: Miguel, Jofiel, Chamuel, Gabriel, Rafael, Uriel y Zadquiel. Han descubierto recientemente en Perú una iglesia con los *Siete Arcángeles*.

Nosotros podemos invocar los tres Arcángeles que nombra la religión católica: el Arcángel Miguel, que protege contra el mal y lo dañino. Puedes invocar al Arcángel Rafael, que nos da salud, y al Arcángel Gabriel para la ascensión, para la purificación, o para proteger a los niños. Debemos también ser amigos de los

Arcángeles (Ver el libro "El curso de los Ángeles", Editorial Plateada, Córdoba, Argentina, 2002.)

DIRECTORES ELEMENTALES

Los *Directores Elementales* son los seres que dirigen la labor de los *Elementales*, que se agrupan en cuatro familias según los elementos. Los Directores Elementales son:

    1– Helios y Vesta para el fuego y el calor.

    2– Thor y Aries para el aire.

    3– Neptuno y Lunara para el agua.

    4– Pelleur y Virgo para la tierra.

A tres de las inteligencias evolucionantes se les dio la oportunidad de evolucionar en la Tierra; estas fueron: la Angélica, la Humana y la Elemental.

Los *Elementales* son unos seres diminutos que se encargan de ser los ejecutores de las órdenes de los *Directores Elementales*. Así tenemos que por el fuego, Helios y Vesta dirigen a las Salamandras; por el aire, Thor y Aries dirigen a los Silfos; por el agua, Neptuno y Lunara, a las Ondinas; y por la tierra, Pelleur y Virgo, a las Hadas y Gnomos.

Los *Elementales* siempre son el reflejo del estado mental y emocional de la humanidad para la que ellos trabajan. Los *Elementales* son imitadores de lo que ven. En un ambiente armónico y dulce, ellos producen hermosas flores, fuentes cantarinas, aires frescos y sol primaveral. Por el contrario, en ambientes nefastos, inarmónicos y de odio, ellos manifiestan terremotos, maremotos, explosión de volcanes y fenómenos naturales desastrosos.

Podemos cambiar las expresiones de los *elementales* transformando nuestra actitud emocional y mental y dándole amor a los cuatro elementos.

RAYO AZUL

El Primer Rayo de Dios es el Azul, que es principio, espíritu, fe, fuerza y poder, voluntad y entusiasmo, protección y sacrificio. Cuando estés desanimado, flojo y decaído, recuerda que la *Llama Azul de Dios* lo cubre todo y es fuerza de voluntad; úsala y verás cómo te animas y te dan deseos de salir adelante.

La fuerza y el poder de Dios sirven para protegerte de toda cosa mala, brujería, magia negra y maldiciones, porque Dios no está de acuerdo con esas cosas y protege a sus hijos contra ellas.

"Yo Soy el que Soy, atrayendo la Llama del Fuego Azul de protección y fuerza, para mi protección y la de todo el que la necesite".

Éste es el Rayo de Dios que activa a la gente de poder, como los políticos, presidentes, directores y militares.

NOTA: Para mayor información sobre los elementales leer "El Curso de los Elementales", Editorial Señora Porteña, Buenos Aires, Argentina, 2005.

Cada vez que necesites fe, fuerza y protección, invoca el *Rayo Azul*. Ante un peligro de cualquier tipo, uno puede invocar el *Rayo Azul* de Dios para su protección.

Maestro el Morya

Los estadistas que trabajan con el gobierno se asimilan a los lineamientos del Maestro Ascendido el Morya, que en la religión católica es conocido como Santo Tomás el Moro, y como Maestro del Primer Rayo de la voluntad y el poder de Dios, discípulo del Elohim Hércules. Hizo su ascensión en 1888 aunque ya estaba preparado para esto desde hace años. Actualmente es el supremo director de todos los gobiernos del mundo, actividad que dirige desde el **Templo de la Voluntad de Dios y la Unidad Internacional**, ubicado en los planos etéricos de Darjeeling, región al Norte de la India, al pie de los Himalayas, el "Techo del Mundo".

También trabaja en el Rayo Azul el Señor Sirio.

RAYO DORADO

El segundo Rayo de Dios es el Dorado de la sabiduría, inteligencia, iluminación, observación, intuición, genio y comprensión.

No volvamos a decir nunca más que no sabemos algo; recordemos que Dios dentro de nosotros todo lo sabe, porque Él es la Omnisciencia. Puedes afirmar: **"Yo Soy el nombre de Dios trayendo a mi mente toda la inteligencia que requiero para resolver esto ahora"**.

La sabiduría de Dios está en cada átomo de nuestro cuerpo, por eso no nos deberíamos enfermar; y la sabiduría de Dios también está en cada átomo de su creación, por eso nada tiene porqué fallar ni funcionar mal. Invoquemos y recordémosle a todos la Sabiduría Divina que tienen por dentro y veremos suceder milagros. **"La Sabiduría de Dios está dentro de ti, así que no tienes porqué dañarte ni enfermarte"**.

Cada vez que desees despertar tu inteligencia o quieras saber algo, invoca este Rayo de Dios y visualízate envuelto en un Fuego de Luz Dorada.

Dirigiendo este Rayo se encuentran la Señora Soo Shee, una Maestra oriental, complemento del famoso Confucio. Bajo la dirección del *Rayo Dorado* trabajan en la humanidad todos los pensadores, filósofos, educadores, maestros, sabios y líderes religiosos. En este *Rayo Dorado* han laborado santos como San Francisco de Asís y filósofos como Confucio, Anthony de Mello y Krishnamurti. Los maestros, filósofos, sabios y educadores están bajo la radiación del *Rayo Dorado* del Señor Koot Hoomi.

Maestro Koot Hoomi

El Maestro Koot Hoomi es el Instructor del Mundo, Maestro de Ángeles y humanos. Es el encargado de que toda la humanidad conozca su *Cristo Interior*; por lo tanto, todos lo que trabajan dando a conocer el Principio Crístico trabajan para Él. Se encarga de generar las religiones, corrientes de pensamiento y filosofías para cada una de las razas surgidas del departamento del Manú. Bajo su dirección están los directores, prelados y dignatarios de las grandes iglesias de las más importantes religiones del mundo, como el Cristianismo griego, romano, anglicano y demás denominaciones; el Islam, el Judaísmo, el Hinduismo, el Buddhismo y los Sikhs, así como con quienes tratan de hacer progresar la Enseñanza Espiritual. Trata de transformar la forma de pensamiento del dogma religioso y de hacer a las iglesias conscientes de la próxima venida del Cristo en el corazón de cada uno.

RAYO ROSA

El tercer Rayo de Dios es el *Rayo Rosa* del amor, la cohesión, sensibilidad, gratitud, diplomacia, actividad y tolerancia. Así como el corazón –que es símbolo del amor– es de color rosado, se asocia el rosado a este Rayo de Dios. Todo el mundo, sin equivocarse, ha asociado siempre el amor al color rosado.

San Juan dice: **"Dios es Amor"**. Dios nos ama inmensamente y jamás nos hace daño. Las cosas malas que nos suceden no son castigo divino ni pruebas, nos pasan porque se nos devuelve lo que le hacemos a los demás, o las creamos con nuestra mente.

Cuando alguien nos odie, acordémonos de reconocer que en el

interior de esa persona está la *Llama del Amor Divino*, y que es imposible que dos o más personas se odien. Entonces veremos que ese odio desaparece.

Cuando te sorprendas odiando o descubras que alguien te odia cierra los ojos, visualiza la *Llama Rosa del Amor de Dios* envolviendo a esa persona y a ti también, y afirma con el nombre de Dios: **"Yo Soy una irresistible Llama de Amor Divino, que envuelve en amor a todo el que se me acerque o piense en mí"**.

Siempre que necesites amor, envuélvete en un círculo amoroso, y si alguien te odia, dile: **"Te envuelvo en mi círculo de amor"**.

A este *Rayo de Dios* pertenecen los economistas, amas de casa, activistas, altruistas. Hay personas que a través de su amor, abnegación y sacrificio, merecen estar bajo los lineamientos del *Tercer Rayo del Amor de Dios*.

Bajo la dirección del *Rayo Rosa* trabajan en la Tierra los grandes diplomáticos, activistas, economistas, servidores mundiales, filántropos, y también Seres de luz como Lady Rowena, Orión y Angélica.

Lady Rowena asumió la dirección del *Rayo Rosa* el 26 de Noviembre de 1964. Tiene su templo en la región etérica sobre el Chateau de la Liberté en Marsella, Francia, a orillas del río Rhone. Fue el Espíritu Envolvente para la Tierra en 1995. El *patrón electrónico* de Lady Rowena es la Flor de Lis. La *Llave Tonal* de su retiro y del *Tercer Rayo* se encuentra en la Romanza (2° Movimiento) del "Piano Concerto N° 1 en mi menor, Op. 11" de Frederic Chopin.

Lady Rowena

RAYO BLANCO

El cuarto Rayo de Dios es el Blanco de la pureza, belleza, ascensión, invisibilidad, resurrección, arte y disciplina. Todo el mundo en la Tierra, cuando va a simbolizar la pureza, la pone de color blanco, y éste es el Rayo con que se asocia esa virtud de Dios. Dios no ha hecho nada feo en su Creación, hasta una libélula está llena de belleza; entonces, tú también puedes vivir rebosante de belleza.

La belleza nos eleva y nos saca del poso de la depresión, por eso esta *Llama de Dios* es también de la ascensión y la pureza. Cada vez que te encuentres deprimido, frustrado, te veas horrendo en el espejo, acuérdate de Dios y repite: **"Dios es belleza y ascensión. Yo Soy su hijo y la expresión más bella de su creación. Yo no acepto nada en mi mundo menor que su perfección"**.

A este *Rayo* pertenecen los pintores, músicos, escritores, bailarines, arquitectos, estilistas y diseñadores. También grandes celebridades como Miguel Ángel Buonarroti, Rafael y Leonardo Da Vinci. Con este Rayo de Dios trabaja el Arcángel Gabriel.

Cuando uno necesita embellecer un lugar o su propio cuerpo, puede invocar este Rayo de Dios. Dios ha hecho todo hermosísimo en la Naturaleza, por eso nada debe ser feo; los ángeles aman la belleza y sólo se manifiestan en los sitios hermosos, de exquisitos olores, música armónica, pensamientos positivos y sentimientos dulces y suaves.

Cada vez que estés deprimido, te sientas hundido y quieras salir a flote, invoca el *Rayo Blanco* de la pureza y la belleza.

Maestro Serapis Bey

El Director del *Rayo Blanco* es Serapis Bey, que está trayendo a la manifestación un nuevo concepto de arte, tanto musical y pictórico como literario, que se conocerá como el arte de la *Nueva Era*. Este Maestro es conocido como "El Egipcio". Dirige la Hermandad de Luxor, que es un cuerpo de Seres de luz que trabaja por la Ascensión de toda la humanidad, en la región etérica de Luxor, a orillas del río Nilo, en Egipto. El Maestro insta a invocar a esta Hermandad cuando se esté en estados depresivos para devolver la felicidad y armonía. La *Llave Tonal* del retiro del Maestro Serapis Bey se encuentra en la obra "Benédiction de Dieu Dans la solitude" (bendición de Dios en la soledad), "Liebestraum" de Franz Liszt y en el aria "Celeste Aída" de la ópera Aída de Verdi. Dice el obispo Leadbeater: "Es alto, de hermosa complexión y de ascendencia griega, aunque toda su labor se centra en Egipto relacionado con la Logia Egipcia, razón por la cual frecuentemente se lo llama "El Egipcio". Es de distinguidas facciones de tipo ascético, algo parecidas a las del finado Cardenal Newman. Actualmente dedica la mayor parte de su tiempo y atención al trabajo de la evolución dévica o angélica, hasta que, mediante su ayuda, sea posible hacer la gran revelación en el mundo de la música y de la pintura, en un futuro inmediato. No es posible agregar algo más acerca de Él ni revelar su lugar de residencia".

Toda persona que cumple con los requerimientos evolutivos del planeta Tierra y que esté presta para la Ascensión, es llevada al Templo de la Ascensión del Amado Serapis Bey para que el Maestro dé la aprobación en este trascendental Logro Victorioso.

RAYO VERDE

Maestro Hilarión

El quinto Rayo de Dios es el Verde de la vida, verdad, ciencia, curación, consagración, concentración, armonía y musicalidad. Cuando la Naturaleza se encuentra saludable, rebosante de vida y fresca, está verde, por eso se asocia el color verde a la salud y a la vida.

Hoy en día, en todas partes del mundo, los hospitales y quirófanos están pintados de color verde para inspirarles vida y salud a los enfermos.

Los seres de este Rayo trabajan para la ciencia, el adelanto, la música, y son discípulos del Maestro Hilarión.

El Director del *Rayo Verde* es el Maestro Hilarión que es de ascendencia griega, de antiguo tipo helénico, y tiene cierto parecido con la cara del Hermes de Praxíteles, que se encuentra en el Museo de Olimpia en Grecia. Es de hermosa presencia y de apariencia juvenil; generalmente le gusta vestir a la moda, incluso su corte de pelo es moderno. Estuvo en América con el Maestro Serapis Bey cuando se fundó la Sociedad Teosófica en 1875. Trabaja con los que tratan de desarrollar la intuición, médicos, enfermeras y científicos, y se encarga de instruir a los ateos, ya que afirma que dentro de los grupos ateos hay personas que le prestan más servicio a la humanidad que dentro de los grupos de creyentes religiosos. Dirige y estimula los movimientos que tienden a develar lo invisible, como los psíquicos y parapsicólogos, y parece que fue él quien, con alguno de sus discípulos, lanzó al mundo el movimiento espiritista. A los psíquicos de orden elevado les estimula sus poderes para el bien del grupo. Se encarga del desenvolvimiento en los seres humanos de la verdad, curación, consagración, concentración, ciencia y armonía. El Maestro Hilarión fue el que recibió de manos del Mahá Chohán el libro "Luz en el Sendero", que luego le transmitió a Mabel Collins.

Dicho libro es recomendable para ser estudiado minuciosamente por todos los discípulos espirituales. Su Templo se encuentra sobre el reino etérico de Grecia en la Isla de Creta, en el Mar Mediterráneo. En ella se encuentran las ruinas del Palacio de Knossos, así como el laberinto del Minotauro, lugar lleno de sabias leyendas portadoras de grandes verdades para el género humano. Su *Llave Tonal* se encuentra en "Toccata y Fuga en Re menor", de Johann Sebastian Bach.

Con el *Rayo Verde* trabajan Seres de luz como la Madre María, el Arcángel Rafael, San Pablo, el Maestro Asclepio y la Señora Higía, directores de todas las actividades de curación y sanación de este planeta, a quienes puedes invocar para la sanación. Junto con ellos, se encuentra el Dr. José Gregorio Hernández, encargado de la curación para toda Sudamérica, que tiene su Retiro Etérico sobre la Mesa de Esnujaque, en los andes venezolanos.

Cuando se invoca al Cristo Sanador o a la Madre María, se puede acompañar la invocación con la aplicación del *Rayo Verde* en la parte del cuerpo que necesita curación, sea la garganta o un brazo. Esta aplicación, como dice Jesús, se debe hacer orando *en Espíritu y Verdad*. No es necesario realizar nada físico; se hace completamente con el corazón y con la mente.

RAYO ORO-RUBÍ (Naranja)

El sexto Rayo de Dios es el Oro-Rubí (o naranja) de la provisión, paz, suministro, gracia, devoción, misticismo y serenidad.

Cada vez que te encuentres en la necesidad de dinero o cualquier

Juan El Amado

provisión, recuerda que Dios todo lo tiene, que Él lo provee todo, y afirma: **"Dios proveerá"; "Dios adereza la mesa delante de mí"; "Mi mundo lo contiene todo y nada me puede faltar"**. Repítelo tantas veces como sea necesario hasta que desaparezca la apariencia de escasez y se produzca el milagro.

Cada vez que estés carente de dinero, recuerda que Dios es opulencia y que en su *Rayo Oro-Rubí* está toda la fortuna que necesitas para no carecer de nada; sólo hace falta invocarlo. Este Rayo también puede ser invocado para producir paz y tranquilidad donde sea necesaria.

En este Rayo de Dios trabaja Juan, el Amado, el evangelista, conocido discípulo que recostó su cabeza en el pecho de Jesús. Él tiene su Retiro Etérico sobre el Desierto de Arizona, en los Estados Unidos, con un complejo de Templos, uno para cada Rayo. Su *Llave Tonal* se encuentra en el hermoso y sentido espiritual "Deep River". La *Llave Tonal* de su Retiro en las ciudades etéricas del desierto de Arizona se encuentra en "The Holy City" (La Ciudad Santa) de Stephen Adams, y su mejor intérprete es precisamente una soprano negra, Jessye Norman. El desierto de Arizona está en el Cañón del Colorado, el cual no por casualidad sino por causalidad, es de color oro-rubí. Se recomienda activar la radiación de esta Llama haciendo el "Servicio de paz y provisión de los Rayos".

La Era que ya terminó estuvo bajo la radiación del sexto Rayo, y por esto las religiones cristianas, como la católica, ortodoxa, copta y protestante, predominaron con las características del sexto Rayo, con preponderancia del color oro-rubí, el misticismo y la devoción; este hecho, todavía se ve en la actitud recalcada hacia el rezo. El sexto Rayo es el Rayo Devocional.

Lady Nada

También trabaja en este Rayo Lady Nada. Bajo la dirección de este Rayo laboran todos los místicos, pacificadores y sacerdotes de todas las religiones, como lo fue la Madre Teresa de Calcuta.

NOTA: Para mayor información sobre los Rayos, leer el libro "Los Siete Rayos" de Rubén Cedeño.

Capítulo 7
Rayo Violeta

La *Llama* o *Rayo Violeta* es el séptimo Rayo de Dios, el de la libertad, el ritmo, la invocación, el perdón, la compasión, la misericordia, la transmutación, la magia ceremonial; este es el Rayo de esta Era de Acuario. Es lo que místicamente se conoce como el Fuego Sagrado Consumidor de Dios, una actividad propia de la luz que existe en la Tierra y en todo el Cosmos, para que la vida y la humanidad transformen todo lo viejo que ya está caduco, que no sirve por ser del pasado, las ataduras, apegos, odios, rencores, pesares, dificultades y angustias.

Vivimos cometiendo errores, que la iglesia llama pecados, y esto es lo que por "ley del bumerán" se nos devuelve; pero con el Rayo Violeta del Perdón de Dios podemos borrar para siempre todos nuestros errores y los cometidos por los demás. Dios es un Fuego Consumidor que puede disolver todo lo negativo.

El *Rayo Violeta Transmutador* es conocido desde hace miles de años en los niveles ocultos. Los Maestros, especialmente el Morya y Saint Germain, han permitido que se conozca, por la necesidad

awareness

knowledge + forgiveness = free...

imperante que tiene la humanidad de utilizar esta energía para ayudar a disolver todas sus dificultades. El mundo estuvo en una situación delicada y peligrosa, a punto de destruirse debido a la negatividad, pensando y haciendo guerras. Este *Rayo Violeta* está externamente activo en manifestación para bendecir con su sagrada influencia a todo el que lo use, borrando mediante el olvido todo un pasado de guerras, injusticias y mala utilización de la energía. Con el conocimiento y el uso de este Fuego Sagrado del Perdón, ha llegado el momento de nuestra libertad.

El *Rayo Violeta* es una energía radioactiva, sensible a la respuesta de la energía mental y emocional de los seres humanos, capaz de alterar su entorno produciendo efectos de transmutación sobre el cuerpo al que es aplicado. Esto quiere decir que puede ser activado por la acción conjunta del pensamiento y del sentimiento humano al decretarlo.

PERDONANDO

El perdón es lo único que nos puede liberar de aquello negativo que sufrimos por merecimiento, evitando tener que pagar lo que debemos kármicamente. Pero para recibir perdón hay que dar perdón.

El *Rayo Violeta* fue usado conscientemente por el Maestro Jesús en el calvario, cuando después de haber sido torturado, tratado injustamente e insultado públicamente, perdonó a todos, diciendo: **"Padre, perdónalos porque no saben lo que hacen"**. Además de estar siempre con una actitud mental positiva y produciendo buen *Karma*, debemos vivir perdonando a todo el que nos haga daño, porque hemos pasado años generando cosas negativas de las que sólo el perdón nos puede liberar.

Dile a toda persona, condición o cosa que te perturbe o haya perturbado: **"Te perdono. Te doy mi amor y mi perdón para bendecirte y darte prosperidad"**. Esto traerá paz a tu interior.

El *Rayo Violeta* es un estado de consciencia, por lo tanto actuará si energizamos, somos y llevamos una actitud de perdón que pueda hacer transformaciones y milagros. A las personas que invocan este Rayo y siguen odiando, sin perdonar y condenando, no les funcionará.

Bajo la dirección del *Rayo Violeta* trabajan todos los seres de compasión y amor, todos los magos, sacerdotes y alquimistas.

USO DEL RAYO VIOLETA

Podemos utilizar el *Rayo Violeta* de varias formas. La primera es por medio de la consciencia, observándolo, meditándolo para luego hacer una afirmación, invocándolo verbalmente. La segunda, a través del sentimiento, hay que sentir profundamente el perdón y el olvido. La tercera, a través del pensamiento, pensando en el *Rayo Violeta*.

El *Rayo Violeta* surge victoriosamente dentro de nuestro Ser, desde la punta de los pies hasta más arriba de la cabeza, abrazándonos como una antorcha viviente, gracias a la actitud que tengamos de decir, pensando y sintiendo, ante toda situación ofensiva, discordante, agresiva y peyorativa: "Lo envuelvo en la Llama Violeta del perdón".

En la implementación del *Rayo Violeta* sobre la Tierra existen varias actividades que lo atraen a nuestros mundos. Las aquí reveladas las puedes comprobar por ti mismo, logrando a través de ellas perfeccionar tu mundo y el de la gente que te rodea, produciendo lo que los humanos llaman "milagros", hechos que se producen con la finalidad última de la purificación y ascensión de tu propia persona y, por consecuencia vibracional, la del planeta Tierra.

Puedes probar hacer la imposición de manos para la sanación, proyectando el pensamiento y el sentimiento transmutador del *Rayo Violeta*, ya que también reconstruye órganos dañados.

El logro final de nuestra vida es la liberación de todo sufrimiento, depresión, enfermedad, rencor, mala voluntad e ignorancia, y esto sólo puedes alcanzarlo concientizando dentro de ti el **perdón**, que se manifiesta por la victoriosa presencia del Fuego Violeta dentro de tu corazón.

ACTIVIDADES DE LA LLAMA VIOLETA

Cada vez que hayas cometido un error en la vida, en vez de maldecir o lamentarte, para liberarte de ataduras dañinas, como lo pueden ser recuerdos indeseables, y para protegerte de cosas negativas, como las malas influencias, invoca el *Rayo Violeta*. Pensar y mencionar el *Rayo Violeta* hace que se llene de luz violeta la atmósfera y todo a nuestro alrededor. Pero para verlo hay que hacerlo con los ojos del espíritu, aunque hay personas que pueden verlo con los ojos materiales, utilizando la visualización o la imaginación.

Una situación negativa y pesada, visualízala envuelta en una luz violeta; imagina una cortina o un velo morado envolviendo la situación, y eso bastará.

Haz la prueba y te convencerás, de la misma manera que muchos lo han hecho. Se han visto logros maravillosos.

Comencemos a utilizar el perdón del *Rayo Violeta*; primero en nuestro propio mundo, para disolver los escombros de rencores, resentimientos y odios que están metidos dentro de nuestro cerebro y emociones. Vamos a poner en orden divino, perdonándolo todo, primero que nada nuestro hogar, y luego toda la ciudad y el país. No solamente eso, sino, como grupo, comencemos a proyectar el perdón de la *Llama Violeta* para la disolución de los problemas que aquejan a nuestra comunidad y al planeta entero.

INVOCACIÓN

Podemos decir: **"Invoco el Rayo Violeta para que disuelva esta apariencia"**, ya que tiene el poder de disolver y consumir todos los errores cometidos por ti en este momento y en el pasado, así como los errores cometidos por toda la humanidad.

Cada vez que cometas un error en la vida, en vez de lamentarte, invoca el *Rayo Violeta*. Aplica este tratamiento, sintiendo, pensando y meditando concentradamente: **"Yo soy el poder de Dios borrando, con el fuego sagrado del Rayo Violeta del perdón, esta situación"**. Hazlo tantas veces como te haga falta, hasta que veas la realización.

Si tenemos el caso de una situación negativa, pesada, sumamente complicada, relajémonos, comencemos a sentir el perdón y a proyectárselo a la situación. Ya sabemos que para proyectar el perdón podemos comenzar diciendo: **"Te doy mi amor y mi perdón"**, y si el sentimiento de perdón no surge, no importa, sigamos insistiendo, que poco a poco se nos desarrollará. **Visualicemos** la situación envuelta en una luz violeta, imaginemos una cortina o un velo morado envolviéndola, y decretemos: **"Te envuelvo en la llama violeta consumidora del perdón"**, eso bastará. Luego, no sigamos pensando más en la situación y afirmemos: **"Ya está transmutada en la Llama Violeta"**. Haz la prueba, y te convencerás de la misma manera que muchos lo han hecho.

PILAR DE LLAMA VIOLETA

El *Pilar de Fuego Violeta* tiene el objeto de envolver en él a toda persona, situación o cosa que necesite ser perfeccionada. Para que podamos lograr la solución de un problema, es necesario que nuestros cuerpos físico, vital, emocional y mental sean sometidos a la acción purificadora del **perdón** del *Pilar de Fuego Violeta*. Éste se puede invocar y visualizar alrededor de nuestro cuerpo físico como un cilindro ígneo que contiene en su interior una sustancia etérea vibrante y luminosa de color violeta, capaz de hacernos olvidar todo lo malo que los demás nos hayan hecho y que nosotros le hayamos hecho a los demás. También se puede imaginar como una cortina morada que lo envuelve a uno. El diámetro del *Pilar de Fuego Violeta* debe ser visualizado o imaginado un poco mayor que el dado por nuestros brazos extendidos horizontalmente.

Este *Pilar de Llama Violeta* puede formarse con sólo sentir, pensar y meditar esta invocación, acompañada de su adecuada visualización: **"Yo soy un gigantesco pilar de Llama Violeta transmutadora que consume y disuelve todos los errores cometidos por mí y por toda la humanidad".** Al principio, para conformar el *Pilar* es necesario meditar e invocarlo tres veces al día, o a cada momento en que te acuerdes. Llegará un punto en que este *Pilar* se hará tan sólido y veraz, que podrá ser percibido por segundas personas. Nos daremos cuenta de eso al observar que ningún ladrón se nos acerca, nadie malo osa hacernos daño. Este *Pilar* también puede formarse alrededor de nuestra casa, trabajo, ciudad, país y el planeta entero.

LLAMA VIOLETA DEL PERDÓN

Haz este tratamiento preferiblemente los sábados para mantener la protección y pureza de tu mundo. Cuando tengas una *apariencia* de problema, preocupación o te estén haciendo algún mal, hazlo tantas veces como te sea necesario hasta que veas resuelto lo que te aquejaba. Encontrarás las afirmaciones que más se adapten a la solución de tu situación. Apréndetelas de memoria y repítelas constantemente, hasta que se disuelva la inarmonía.

1. La *Llama Violeta del Perdón* es la expresión natural de mi Ser, porque *Yo Soy* una persona que sólo está llena de la *Llama Violeta del Perdón;* sólo pienso en la *Llama Violeta del Perdón*, sólo siento la *Llama Violeta del Perdón*. "Yo Soy la Presencia de Dios" que hace manifestar en mí la *Llama Violeta del Perdón*. Estoy rodeado de la *Llama Violeta*

del Perdón, irradio la *Llama Violeta del Perdón*, expando La *Llama Violeta del Perdón* y sólo siento por los demás y hago sentir a los otros seres humanos La *Llama Violeta del Perdón*. Yo Soy un foco de la *Llama Violeta del Perdón* de Dios que arde, irradia e ilumina a todos aquellos que me rodean, que tienen que ver conmigo, mi familia, el trabajo, el vecindario, el grupo y todos los demás. Yo Soy un foco de la *Llama Violeta del Perdón* que ahora se expande en círculos, envolviendo e inundando todo a mi alrededor en este lugar donde estoy, más allá de este sitio y conglomerado humano, por todo este barrio y aún más lejos, por la totalidad de esta ciudad, y se expande por todo este país, eclosionando en todo el continente hasta llegar a cubrir el planeta Tierra y el universo, de manera incluyente, envolviéndolo todo. Vivencio la *Llama Violeta del Perdón* en todo lo que hago, oigo, siento, veo, saboreo y huelo.

2. "Dios es Misericordia" y como sólo existe Dios, por eso sólo creo en la *Llama Violeta del Perdón* y no hay ninguna expresión de odio que pueda salir de mí o de los demás; sólo que Dios es la *Llama Violeta del Perdón*. Todos los seres humanos que me rodean, me tratan, me piensan y me hablan, sólo lo hacen en términos de la *Llama Violeta del Perdón* hacia mí y todos los demás; por eso no me puedo tropezar con ningún obstáculo, ninguna expresión de odio, ya que la *Llama Violeta del Perdón* lo disuelve. Solamente recibo y llega a mí la *Llama Violeta del Perdón*. Todo lo que sucede alrededor de mi vida es absolutamente *Llama Violeta del Perdón*.

3. La *Llama Violeta del Perdón* es un poder que está ubicado dentro de mí y no necesito que baje de ninguna parte, salga de algún sitio, ni alguien me lo dé para sentirlo y expresarlo.

De hecho, no existe poder externo ni ayuda más grande que la *Llama Violeta del Perdón* dentro de mí. Yo sólo tengo la voluntad de expresar la *Llama Violeta del Perdón*. El Principio de mi vida es la *Llama Violeta del Perdón*. Perdón Divino es Orden Divino. Mi Espíritu sólo está lleno de la *Llama Violeta del Perdón*. La *Llama Violeta del Perdón* me da fe y fuerza. La *Llama Violeta del Perdón* me protege.

4. Yo Soy actuando con el perdón inteligente de Dios. Yo entiendo la *Llama Violeta del Perdón* a la perfección. La *Llama Violeta del Perdón* me ilumina. La *Llama Violeta del Perdón* me hace comprender todo lo que no puedo entender.

5. Mi corazón es el hogar donde habita la *Llama Violeta del Perdón*. Sólo existe la *Llama Violeta del Perdón* que está en mi corazón y por eso nada que no sea perdón puede afectarme. *Yo Soy* la más concentrada expresión del perdón, perdonando. La *Llama Violeta del Perdón* me hace rendir en adoración a Dios. La *Llama Violeta del Perdón* me hace ser agradecido con todo el mundo. La *Llama Violeta del Perdón* me hace divinamente activo. La *Llama Violeta del Perdón* me da tolerancia.

6. Yo Soy la belleza del perdón. La *Llama Violeta del Perdón* me purifica. La *Llama Violeta del Perdón* me hace bello y radiante. La *Llama Violeta del Perdón* me asciende. La fuerza de la *Llama Violeta del Perdón* me resucita y me da vida. La *Llama Violeta del Perdón* me hace invisible e invencible a toda maldad humana. La *Llama Violeta del Perdón* es misericordia.

7. La *Llama Violeta del Perdón* me vivifica, resucita y me da

entusiasmo. La *Llama Violeta del Perdón* me sana. La *Llama Violeta del Perdón* me armoniza. Mi afirmación de la *Llama Violeta del Perdón* es una verdad contundente y entiendo claramente lo que es, porque creo firmemente en la *Llama Violeta del Perdón*. **Yo Soy** la verdadera expresión de la *Llama Violeta del Perdón*. La *Llama Violeta del Perdón* hace de mi vida una dulce canción. La *Llama Violeta del Perdón* me consagra a Dios.

8. Yo Soy la mística y la paz que produce la *Llama Violeta del Perdón*. La *Llama Violeta del Perdón* me aprovisiona de todo lo que necesite para vivir próspero y rebosante de riquezas, tanto físicas como espirituales. La *Llama Violeta del Perdón* me da paz, mucha paz, pacificando todo en mi entorno. La *Llama Violeta del Perdón* me inunda de gracia. La *Llama Violeta del Perdón* bendice mi mundo con devoción, misticismo y serenidad.

9. Yo Soy La *Llama Violeta del Perdón* que perdona y redime toda situación inarmónica e inconveniente que no sea la *Llama Violeta del Perdón*. Perdono a todo aquel que necesite mi perdón. La *Llama Violeta del Perdón* me hace libre, completamente libre de toda atadura humana, sentimental y mental. La *Llama Violeta del Perdón* en mí te perdona. La *Llama Violeta del Perdón* me hace sentir compasión por todos los seres humanos. La *Llama Violeta del Perdón* me hace un ser misericordioso.

10. La *Llama Violeta del Perdón* sólo me hace mover *causas* que traen *efectos* perfectos. La *Llama Violeta del Perdón* sólo me hace pensar positivamente. Como Dios es perdón, por correspondencia yo también soy perdonador. Todo vibra y se mueve a mi alrededor con la *Llama Violeta del Perdón*.

Yo estoy polarizado solamente en la *Llama Violeta del Perdón*. Mi ritmo es el ritmo de la *Llama Violeta del Perdón*. Todo en mi vida va y viene con la *Llama Violeta del Perdón*, fluye y refluye con la *Llama Violeta del Perdón*. Yo solamente genero la *Llama Violeta del Perdón*.

11. Mi mundo físico está inundado de la *Llama Violeta del Perdón*. Mi mundo emocional está inundado de la *Llama Violeta del Perdón*. Mi mundo mental está inundado de la *Llama Violeta del Perdón*. Mi *Cristo Interno* es sólo *Llama Violeta del Perdón*. La Divina Presencia de Dios en mí sólo irradia la *Llama Violeta del Perdón*.

12. *Yo Soy la Divina Presencia de Dios en mí"* actuando ahora en mi chakra fundamental, en la base de mi columna vertebral, inundándolo de la *Llama Violeta del Perdón*.

Yo Soy la Divina Presencia de Dios en mí actuando ahora en mi chakra esplénico, inundándolo de la *Llama Violeta del Perdón*.

Yo Soy la Divina Presencia de Dios en mí actuando ahora en mi plexo solar, inundándolo de la *Llama Violeta del Perdón*.

Yo Soy la Divina Presencia de Dios en mí actuando ahora en mi chakra cardíaco, inundándolo de la *Llama Violeta del Perdón*.

Yo Soy la Divina Presencia de Dios en mí actuando ahora en mi chakra laríngeo, inundándolo de la *Llama Violeta del Perdón*.

Yo Soy la Divina Presencia de Dios en mí actuando ahora en mi tercer ojo, inundándolo de la *Llama Violeta del Perdón*.

Yo Soy la Divina Presencia de Dios en mí actuando ahora en mi chakra coronario, inundándolo de la *Llama Violeta del Perdón*.

13. La *Llama Violeta del Perdón* nunca falla. La *Llama Violeta del Perdón* disuelve cualquier problema.

Yo estoy protegido y lleno de *fe divina* porque Dios me perdona.

Yo estoy Iluminado y lleno de *sabiduría divina* porque Dios me perdona.

Yo estoy activo y lleno de *amor divino* porque Dios me perdona.

Yo estoy limpio y lleno de *belleza divina* porque Dios me perdona.

Yo estoy sano y lleno de *verdad divina* porque Dios me perdona.

Yo estoy en paz y lleno de *provisión divina* porque Dios me perdona.

Yo soy compasivo y lleno de *misericordia divina* porque Dios me perdona.

Yo estoy en el silencio del Ser, la mente y la *bienaventuranza divina* porque Dios me perdona.

14. Respirando, reteniendo, exhalando y descansando:

Yo Soy inspirando la *Llama Violeta del Perdón* desde el corazón de Dios.

Yo Soy absorbiendo la *Llama Violeta del Perdón* desde el corazón de Dios.

Yo Soy expandiendo la *Llama Violeta del Perdón* desde el corazón de Dios.

Yo Soy proyectando La *Llama Violeta del Perdón* desde el corazón de Dios.

15. Ángeles de la *Llama Violeta del Perdón* vengan por el norte. Ángeles de la *Llama Violeta del Perdón* vengan por el sur. Ángeles de la *Llama Violeta del Perdón* vengan por el este. Ángeles de la *Llama Violeta del Perdón* vengan por el oeste.

16. *Llama Violeta del Perdón* desciende. *Llama Violeta del Perdón* desciende.

    Llama Violeta del Perdón desciende, desciende, desciende.

    Llama Violeta del Perdón comanda. *Llama Violeta del Perdón* comanda.

    Llama Violeta del Perdón comanda, comanda, comanda.

    Llama Violeta del Perdón expande. *Llama Violeta del Perdón* expande.

    Llama Violeta del Perdón expande, expande, expande.

    Llama Violeta del Perdón Yo Soy. *Llama Violeta del Perdón* Yo Soy.

    Llama Violeta del Perdón Yo Soy, Yo Soy, Yo Soy.

17. Lo único que tengo que hacer es mantenerme lleno de la *Llama Violeta del Perdón*, pensándola, sintiéndola, hablándola, actuándola y expresándola. La *Llama Violeta del Perdón* me da fe. La *Llama Violeta del Perdón* me da amor. La *Llama Violeta del Perdón* me ilumina. La *Llama Violeta del Perdón* me sana. La *Llama Violeta del Perdón* me prospera. La *Llama Violeta del Perdón* me perdona. Yo Soy el cumplimento de la Ley de la *Llama Violeta del Perdón* en mí.

Yo Soy haciendo que todo esto que afirmo de la *Llama Violeta del Perdón* suceda sin que tenga que hacer ningún esfuerzo, porque está ocurriendo ahora. Tengo la realización consciente de la *Llama Violeta del Perdón*.

Todos los Seres Cósmicos de La *Llama Violeta del Perdón* permanecen conmigo dándome sus bendiciones. Eternamente, Amén.

SAINT GERMAIN

El amadísimo Maestro Saint Germain es el ser por excelencia del *Rayo Violeta*, debido a que es uno de los seres que más ha activado este Rayo para toda la humanidad y para la Tierra. Actualmente es el Rey de la Edad Dorada en sus primeros dos mil años, período correspondiente a la radiación del Rayo Violeta. Se lo conoce también como el **Dios Libertad** y **Avatar Acuarius.** Su nombre, **Conde de Saint Germain**, quiere decir: "El Santo Hermano de la Comunidad". El solo hecho de decir "Saint Germain" hace que todo el ambiente se inunde del *Rayo Violeta*, porque su nombre es un *mantram*. En la actualidad, es Director en el mundo entero de todos los movimientos y grupos espirituales que se dedican a pregonar las enseñanzas de la Edad de Oro.

La libertad es lo más grande y bello que tiene el ser humano. Estamos en la Era de la Libertad, del Maestro Saint Germain. Él fue quien trajo a la Tierra el uso del *Rayo Violeta* para acelerar al planeta, ya que es el único poder capaz de disolver el *Karma* negativo y transmutar toda condición indeseable en nuestras vidas y en toda la Tierra. Él es conocido como el Maestro "R", por haber sido, en una vida anterior, el príncipe Rákóczi.

Se mencionan campos de fuerza y *Retiros Etéricos* del Maestro Saint Germain en Transilvania, en los Montes Cárpatos, actualmente Rumania; en la cordillera de las costas venezolanas, en el Monte Ávila, donde se encuentra su inmensa Catedral, dentro del complejo de templos denominado "El Palacio del Propósito del Hombre" y también en Mount Shasta, al norte de California, en los Estados Unidos de Norteamérica.

Maestro Saint Germain

La Llave Tonal del Maestro Saint Germain se encuentra ahora en el *Adagio* (2° Movimiento) del *"Concierto de Aranjuez"* para guitarra y orquesta, del compositor español Joaquín Rodrigo. La guitarra es un instrumento de Fuego Violeta.

La actual figura del Maestro Saint Germain va más allá del tiempo, el espacio y la forma. Es casi imposible dar una descripción de Él. Solamente podríamos decir que tiene la forma del Fuego Sagrado Violeta. No obstante, puede asumir la forma física de una de sus reencarnaciones, si así lo requiere para algún hecho especial.

El *patrón electrónico* del Maestro Saint Germain es la Cruz de Malta. Por eso, será la Cruz de la Nueva Era y sustituirá a la Cruz Latina, símbolo de la Era de Piscis.

EDAD DORADA

La Edad Dorada es un período de perfección donde el ser humano y toda la naturaleza manifestará el estado de armonía, paz y felicidad que se vive en los más altos planos de manifestación. Todos nosotros estamos comenzando una Edad Histórica, que es la Edad Dorada Permanente. Se le dice así porque durará tres millones de años, de los cuales, durante los primeros dos mil, el Maestro Saint Germain será el Rey. Es la Era del Ser o *Yo Soy*. En estos momentos está amaneciendo una Edad Dorada. Impera la justicia eterna. No existen enfermedades ni malicias, desaparecen el juicio y la calificación. Los Aspectos de los *Siete Rayos* se expresan libremente y existe la comunicación del reino humano con los demás reinos celestiales. Se vive de acuerdo a la sabiduría eterna.

Ésta no es la primera vez que surge una Edad de Oro. Otras veces, en el remoto pasado, han existido otras Edades Doradas y también han habido diversas eras que no han sido precisamente Doradas, sino que han recibido otros nombres, como: Plateadas, de Bronce y de Hierro.

ERAS

Las eras duran aproximadamente dos mil años y están regidas por un signo del zodíaco, un rayo, un polo de la Tierra y un avatar. Cuando la era es positiva es equilibrada por el rayo femenino y viceversa. Una era anterior fue la de Géminis cuando se adoraban a Castor y Pólux. Luego vino Tauro cuando se le rendía culto al toro en Creta con el Minotauro. Después llego la era de Aries o la cabra, que se convirtió en el cordero pascual de la religión hebrea y cuando empezaron a adorar al toro, Moisés bajó de la montaña y lo destruyó por ser de una era anterior. Luego vino la era de Piscis y se tomó como símbolo el pez como lo hacían los primeros cristianos. Ahora estamos en la era de Acuario que esta simbolizada por un ser humano con un cántaro de agua al que se refirió Jesús cuando fue a realizar la "Última Cena", como símbolo del "nuevo pacto".

NUEVA ERA

La *Nueva Era* es el período cósmico en el cual nos encontramos, que entró en vigencia en el año 1954. Su avatar es el Maestro Saint Germain. Está bajo la influencia del *Rayo Violeta*, la constelación de Acuario y la regencia el polo femenino de la Tierra que se encuentra en el Lago Titikaka, ya que ha entrado en recesión el foco masculino de la Tierra que está en el Monte Himalaya, en la cordillera homónima. La entrada de la *Nueva Era* y la popularización de las enseñanzas del Maestro Saint Germain marcaron definitivamente la influencia de la *Era de la libertad del Fuego Violeta*, que hoy vemos actuando de una manera cada vez más evidente en muchas mentes y corazones de la humanidad y en sus naciones.

El foco de luz ha sido transferido de los continentes orientales al continente americano; ya no hay que ir a la India ni a Oriente a buscar la verdad. Para la *Nueva Era*, la depositaria ha de ser América. América es el Grial de la *Nueva Era*. Desde Norteamérica hasta el Cono Sur, se señalan templos que han de ser los sitios de peregrinación de la Nueva Edad, como lo fueron muchos en Europa y Asia.

NIÑOS ÍNDIGO

Los *Niños Índigo* son los niños de la *Nueva Era* (Acuario) de la *Séptima Raza*. Ellos están naciendo a partir del comienzo de la *Nueva Era* (1954) bajo la dirección del Manú de la Séptima Raza Vaivaswatta y su complemento la Madre Mercedes. Generalmente tienen como características una inteligencia muy superior a la que su edad indica y a la de su momento histórico, hablan varios idiomas sin haberlos estudiado, tienen facilidad para las más altas complejidades matemáticas, físicas y químicas, y sobre todo lo que sea la informática y la espiritualidad de la *Nueva Era*. Son muy sensibles, delicados, nobles, altruistas y de modales muy especiales, hasta el punto que algunas veces no parecen hijos de sus padres, porque están por encima de la herencia genética de su familia.

Capítulo 8
Práctica

Lee cuidadosamente los libros de Metafísica fijándote muy bien en lo que aprendes y ponlo todo en práctica. No te quejes ni afirmes cosas fatales, como que no te funcionan los tratamientos y que cada vez estás peor. Si así lo dices, de esa forma vivirás, porque lo que tú piensas se manifiesta cuanto más competitivo estés y mientras pienses en cosas terribles, peor te irá en la vida. La Metafísica es una ciencia cuyos principios siempre se cumplen, porque son leyes universales que nunca dejan de funcionar, no es que a unos les actúa y a otros no.

Si no te funcionan los *Principios* y los *Rayos* y quieres obtener resultados, debes ser humilde para comprender que en algo estás fallando. Pero eso no te lo digo para que te preocupes. Pavarotti no cantó la ópera Tosca la primera vez que abrió la boca. Él tuvo que practicar mucho y de tanto hacerlo sin desanimarse llegó a ser el mejor tenor del mundo.

Cambia la actitud que manifiestas y nunca mientras vivas vuelvas a decir que estás mal o tienes muchos problemas. No te decretes tu propia desgracia. Hazle el *tratamiento al tratamiento* y afirma: Esta enseñanza sí funciona y mis tratamientos y afirmaciones positivas sí se cumplen, porque son el funcionamiento de las leyes de Dios que nunca fallan.

Hazte amigo de la *Llama Violeta* e invócala por todo y para todo. Di constantemente ante cada situación con apariencia problemática: "Envuelvo esto en la *Llama Violeta* del perdón disolviéndolo para siempre". Si después de transmutar con la *Llama Violeta* algo negativo, vuelves otra vez a decretar la existencia del problema, a comentarlo con alguien o a pensarlo, disuelves la acción de la *Llama Violeta* y el problema vuelve a renacer.

El uso de los Rayos y de esta enseñanza requiere de una disciplina mental que consiste en no decir por nada del mundo, que uno está mal o nos está yendo fatal; todo lo contrario, debes afirmar en el nombre de Dios que se está bien y decir ante todo lo nefasto: "Bendigo el bien en esta situación. Lo declaro y lo quiero ver".

PUNTO DE REFERENCIA

Cada vez que necesitamos orientarnos o llegar a una dirección buscamos un *punto de referencia*. Ejemplo de esto es el hecho de ubicar siempre el lugar por donde sale el sol, para saber cuál es el este de la ciudad, o fijarnos dónde está una montaña, árbol, edificio o monumento notorio, para partiendo de allí podernos orientar hacia cualquier sitio adonde vayamos sin perdernos.

Muchas personas emprenden sus estudios internos sin tener un *punto de referencia* para orientarse, y después de muchos esfuerzos siempre se encuentran perdidos, y esto es por no saber por dónde sale el sol. No se dan cuenta dónde está la Luz. No tienen un *punto de referencia*.

Hoy vas a aprender algunos *puntos de referencia* para que te puedas orientar en tu camino por la vida, especialmente en tu vida espiritual para que siempre vayas bien, hacia arriba y hacia adelante.

El primer *punto de referencia* que vas a tener en tu vida está relacionado con tu actitud física, mental y emocional ante los demás seres humanos y todas las circunstancias. El punto de referencia es **ser positivo.** Esto es vivir irradiando felicidad, sonrisas, luz, verdad a todo el mundo y rechazando cualquier cosa negativa.

Aunque las circunstancias obliguen a hacer lo contrario, tú verás que al ser positivo y al hacer carne de tu carne el decreto "Yo Soy positivo", todo en tu vida y la de los demás, siempre será positivo; y en caso de que algo negativo se manifieste, desaparecerá de inmediato, porque todo es mente y en lo que piensas te conviertes.

El segundo *punto de referencia* es, ante todo problema (sea grande o pequeño) invocar, meditar y tener presente *el Cristo* entregándoselo todo a Él, porque es el poder de Dios dentro de nosotros para llevarnos a la libertad de todas las limitaciones humanas. Podemos decir: **"Amado Cristo Interno te entrego esta situación para que la resuelvas".** Eso sí: no podemos volver a meter la personalidad, y mucho menos comentarios humanos en algo que se lo hayamos entregado al *Cristo*. Pero como su trabajo no es solamente solucionarnos problemitas sino grandes situaciones, como unificar toda tu personalidad con tu Presencia *Yo Soy* a Él también lo podemos invocar en todos nuestros asuntos internos, entregándoselos, y veremos que nuestro *Cristo* no nos hará esperar.

El otro *punto de referencia* es para tener seguridad y veracidad de la enseñanza que estamos estudiando. Muchas personas se desorientan al seguir enseñanzas, escuelas y libros que las confunden. Hay mucha información en Internet, en las librerías y en cursos que se dan por todos lados; no todo es confiable, certero y de ayuda.

El *punto de referencia* para poder aceptar las enseñanzas que uno no conozca es tomar siempre como guía, los siguientes pasos que nos induzcan hacia el conocimiento propio: no depender de nadie externo y observar las cosas por uno mismo. Algunos seres encarnados han dado instrucción que tienen estas características como lo pueden ser Krishnamurti, Blavatsky o Annie Besant y otras que han sido dadas por los Maestros Ascendidos como las dadas por la actividad *Yo Soy*, publicada en libros como "Misterios Develados", "La Mágica Presencia", "Discursos del *Yo Soy*" (Libro de Oro), todas enseñanzas dadas por el Maestro Saint Germain.

La Teosofía también es conocimiento dado por los Maestros Ascendidos, especialmente por el Maestro el Morya y Koot Hoomi a través de Blavatsky, Annie Besant y Leadbeater; los libros de Alice Bailey son en su mayoría revelaciones del Maestro tibetano Djwal Khul; las enseñanzas del *Puente a la Libertad* provienen de la *Jerarquía Espiritual*. Por supuesto, si queremos estudiar profundamente la verdad, con lo aquí revelado, tenemos para toda una vida, y muchas más también.

El cuarto *punto de referencia* es muy importante recordarlo y ponerlo en práctica siempre. Es el uso de la *Llama Violeta* transmutadora de amor y perdón en todo. Sin amor y perdón nunca llegaremos a ninguna parte. El conocimiento y uso de la *Llama Violeta* es un regalo que los Maestros han dado a la Tierra porque es la única forma que tenemos para hacer ascender al planeta junto con todo su conglomerado humano. Conocer su uso y no implementarlo por el bien colectivo, es un pecado de omisión. Usarla constantemente es derramar sobre la humanidad una corriente de bendiciones, como ninguna otra actividad conocida comúnmente podría hacerlo. Invoquemos constantemente la *Llama Violeta* a través de decretos y visualizaciones: **"*Yo Soy* antorcha de Llama Violeta".,"*Yo Soy* la Ley del perdón y la Llama Violeta Transmutadora que consume y disuelve todos los errores cometidos por mí y por toda la humanidad".**

Y como todos los puntos de referencia tienen uno que los sintetiza, el máximo *punto de referencia* es nuestra Divina y Todopoderosa *Presencia de Dios Yo Soy* , que es la suma de todo el positivismo del mundo; no tiene tinieblas, errores, sufrimientos ni tristezas, es nuestro propio *Cristo* elevado a la potencia máxima, porque del corazón de luz de Dios emana nuestro *Cristo Interior*. Nuestro *Yo Soy* es la consciencia ascendida de todos los Seres de luz, los Maestros, porque es una con toda la *Jerarquía Espiritual* y es también la Ley del Perdón porque de su Ser emana Fuego Sagrado Violeta, para la redención de nuestros cuatro vehículos inferiores y de toda la humanidad, para convertir esta Tierra en la *Santa Estrella de la libertad.*

Esta instrucción del *punto de referencia* es para que no estemos dando vueltas por allí y preguntando a cada momento: ¿Esta enseñanza es buena?, ¿la puedo leer? Si nos mandan a adorar un maestro, personalidad o foto; nos hablan de condenación y pérdida de la encarnación; condenan a alguien; critican a otras escuelas; sólo viven de esperar un mensaje de un maestro; si son negativos, obscuros y pesados, nos causan temor y angustia o nos dicen ser lo únicos, ya con eso nos damos cuenta de que contradicen al *Cristo* y a la Jerarquía Espiritual que Shamballa quiere para nosotros.

TÚ ERES SALUD

Ante las frecuentes amenazas que se tienen hoy de virus, síndromes y nuevas enfermedades calificadas de mortales, existe una alternativa realmente vital que las puede curar o evitar de forma radical. Esta alternativa es infalible ya que depende de tu mente que es todo poderosa y de Dios que es más poderoso que la mente y cualquier medicina que exista en el planeta. Preventivamente no debes poner tu atención en ninguna enfermedad, ni siquiera pronunciar su nombre, porque lo que tú llamas pronunciando su nombre lo atraes, y donde está tu mente en eso te conviertes. No pronuncies el nombre de ninguna enfermedad, porque ese sólo hecho haría que ese mal se manifieste. No le temas a ningún mal, acuérdate que lo que se teme se atrae, así que si no quieres enfermarte, no temas.

Piensa que Dios nuestro Padre es salud y por lo tanto Él no puede generarle enfermedad a ninguno de sus hijos. Algunos virus y epidemias se han extendido por el mundo por la ignorancia de los seres humanos que no quieren aprender la lección de no ir contra las Leyes.

Si tú ya estás consciente de lo que es Dios y las leyes del universo (entre otras la que aquí se expone de que "Todo es mente"), no tienes porqué seguir sufriendo, ni por lo que tengas, ni lo que te pueda venir con apariencia de negatividad.

Dios no necesita que tú te enfermes para que creas en Él, pero no hay dudas de que muchas personas ante rumores de enfermedades acrecientan su fe y se vuelcan hacia Dios de tal forma que reciben dos regalos de vida al mismo tiempo: la salud y la fe.

Dios dice: "No toquéis a mis ungidos"; por lo tanto, una persona que ponga en práctica la presencia de Dios, que tenga su unción divina, no puede ser tocado por nada malo, y mucho menos, por un virus.

Dios puede actuar a través de ti como salud o curación, en la medida en que tú se lo permitas con tu actitud mental positiva y la invocación correcta de los poderes saludables que Dios mismo es.

Ante cualquier temor a enfermarte o alguna enfermedad, di primero: "Yo no acepto esto, ni para mí ni para nadie". Luego repite: "*Yo Soy* salud porque Dios es salud y le digo a todos los virus: ¡Fuera de aquí, tú no tienes poder sobre mí ni nadie lo tiene! Por el más grande poder de Dios en mí te digo: ¡Disuélvete, vuélvete luz, luz salutífera, luz de salud, luz de Dios!". Si esta invocación la acompañas con visualizar una luz de color verde alrededor de todo tu cuerpo o de la persona que tenga la apariencia de enfermedad, aligerarías todo el proceso de sanación de forma sorprendente.

Existen Seres de luz que viven en los planos invisibles y que son tan reales como tú y como yo, y que trabajan eficazmente por la curación, en todo el planeta Tierra. Uno de ellos es la Madre María, que vive sosteniendo el concepto inmaculado de salud y perfección en el corazón de todo ser humano, así como se lo sostuvo a su hijo, el Maestro Jesús, y que gracias a eso Él pudo resucitar y ascender. Así que todo ser humano que se cobije bajo la radiación de la Madre María puede ser llevado a la resurrección de su salud y a la vida como lo hizo Jesús.

El Arcángel Rafael es el Médico del Cielo encargado de dar salud a todo el que la necesite, así que podemos pedir ser envueltos por su poder curativo, visualizándolo detrás de nosotros o a la cabeza de la cama del paciente, y absorber de su corazón los poderes curativos de Dios mismo.

Existe otro Ser que de sólo nombrarlo puede aparecer y precipitar la curación y la absorción de cualquier síndrome y convertirlo en luz sanadora. Éste es el venerable Doctor José Gregorio Hernández, que actualmente trabaja desde los planos sutiles ofreciendo curación a todas esas enfermedades recientemente aparecidas. Aunque no creas y dudes, puedes llamar al Doctor Hernández, porque él viene siempre que sea invocado. Por ti mismo te darás cuenta de su existencia, y de la energía curativa que él emana.

Más importante que las defensas corpóreas son las defensas mentales, así que no las bajes jamás. La Madre Teresa de Calcuta y San Francisco de Asís han andado con leprosos y toda clase de contaminados sin enfermarse porque han mantenido en alto su fe en Dios como salud y en sus agentes de curación y, algo muy importante, no han bajado sus defensas mentales.

Todo lo que estás aprendiendo es porque la humanidad está confrontando un momento difícil, pero que para ti, ya no lo es porque conoces la **verdad** de lo que debes hacer. Jesús dijo: "Conoce la verdad y la verdad te hará libre". ¿Libre de qué? En este caso de toda enfermedad, pánico, sugestión o cualquier cosa que no sea bienaventuranza divina. En ocasión de sentirte con algún temor, miedo a contagios o a la muerte, debes leer tantas veces como puedas o te sea necesario el **Salmo 91,** hasta que estés en paz.

Mantén tu actitud positiva y la moral en alto, confía en Dios, en la Madre María, el Arcángel Rafael y el Doctor José Gregorio Hernández y sé portador expansivo de este mensaje curativo;

todo te irá bien y no pasará nada lamentable. Confía en Dios, tu Padre, que te ama y un Padre sólo le da a su hijo el bien y nada más que el bien. Dios es salud y el que con Dios anda, salud también es.

PRECIPITACIÓN EN SIETE PASOS

Es posible que tengas algún sueño que no se te ha realizado, un deseo que nunca se te haya cumplido, o una aspiración muy grande en el corazón. Si eso que anhelas es bueno, constructivo, beneficioso para ti y para toda la humanidad, es posible que puedas precipitarte y manifestarlo en tu mundo, pero para eso es preciso cumplir con una técnica, que es la *Precipitación en Siete Pasos.*

Eso que sueñas tener algún día, no solamente pueden ser cosas materiales como un trabajo, mejora salarial, un automóvil, un apartamento o una pareja, también es posible que sean cosas más sutiles, como el desenvolvimiento de una virtud, el desarrollo de una cualidad, la formación de un grupo de estudios de crecimiento espiritual, el liberarte de un defecto o algo por el estilo.

Precipitar es traer a la manifestación algo desde la sustancia Cósmica Universal de Dios. Esto sólo se hace cumpliendo con los siete pasos, pero cuando hayas adquirido práctica lo podrás hacer tan fácil como estirar la mano y que se te aparezca lo solicitado sin ningún esfuerzo.

Jesús conocía el Poder de la precipitación; recuerda que precipitó el vino en las Bodas de Canán y con tres panes y cinco peces le dio de comer a 5000 personas. San Martín de Porres salía del convento con una canastilla vacía y cuando veía a un pobre o necesitado se le llenaba con alimento para darle. San Nicolás es el maestro de la precipitación. De la nada hacía aparecer alimentos cuando su pueblo sufría grandes hambrunas.

Primer paso: Voluntad

Existe algo llamado *Ideación Divina*, que es la mente de Dios. Allí se encuentran los arquetipos de todo lo que existe en la Tierra y también de lo que uno quiere hacer y todavía no está manifestado, vale decir el proyecto. Estos arquetipos se construyen de materia mental, esto es con la energía de tu pensamiento sostenido. Eso sí, como todo lo de Dios, ese arquetipo es perfecto, sin errores, precioso, inteligente y viene sin problemas.

A todo lo que tu desees le puedes construir un arquetipo. Imagínate que vas a hacer un pastel, y antes de comenzar a batir los huevos ya tienes en tu mente la forma de la tarta hasta con los colores y figuras del decorado: eso es un arquetipo. Para todo lo que vayas a hacer puedes crearle un arquetipo, como el viaje de vacaciones, tu carrera universitaria, el matrimonio de tus hijos, la inversión o asociación en un negocio o empresa, como también convertirte en un Ser de luz haciéndole bien a todo el que se te acerque.

Aquello que quieres debes primero que nada crearle un arquetipo, pensarlo tal cual lo quieres, hasta con el más mínimo detalle, y tener toda la voluntad de conseguirlo (sin voluntad nada se puede hacer) y recordar que en el mundo arquetípico de Dios eso que quieres ya está listo, esperando el momento para venir a tu mundo a bendecirte. Por eso, un acto de fe en tu vida es agradecerle a Dios que ya tienes eso que le pides, antes de que se te aparezca.

Siéntate tranquilo en un lugar donde nadie te vaya a molestar, y con tu mente, conéctate con el arquetipo de lo que tú requieres. Esto consiste en que con tu mente vas a elaborar el proyecto, algo así como una maqueta de lo que deseas precipitar. Recuerda que todo arquetipo debe ser perfecto; elaborado con precisión.

Por ejemplo: si deseas formar un grupo de estudios espirituales y ser Facilitador de estas enseñanzas, hazte un arquetipo donde te visualices dando clases. Puedes incluirle detalles, como verte vestido de determinada forma, agrégale la cantidad de personas que quieres, su ubicación en la ciudad, el tipo de iluminación que te gusta, incluso puedes agregarle hasta el decorado de las paredes. Recuerda que esto es muy serio y no puedes estarlo cambiando, ni contándoselo a nadie, tampoco haciendo chistes del proyecto, porque los arquetipos en su fase inicial son tan delicados como un niño recién nacido, que si no lo cuidas y mimas se te enferma. Si no proteges el arquetipo, nunca se te va a precipitar porque se te desbarataría todo.

Luego que tengas el arquetipo listo, di: "Gracias Padre porque el proyecto de este arquetipo está precipitado y funcionando perfectamente". Si es el caso de un grupo espiritual que deseas formar, decreta: "Gracias Padre que ya tengo un grupo donde le estoy dando enseñanza espiritual a la humanidad, ayudando a solucionar los problemas a todo el que lo necesite". Esta misma fórmula la puedes usar para conseguir una amistad o pareja, un ascenso en el trabajo, o la desaparición de un defecto. De hecho puedes decir: "Gracias Padre porque soy cada día más humilde y pienso primero en el bienestar de los demás que en el mío propio".

Pero este primer paso no basta, es insuficiente y es necesario que le apliques el próximo.

Segundo paso: Sabiduría

Eso que tú deseas, que ya está manifestado en el plano arquetípico, que es la mente de Dios, necesita *sabiduría* para manifestarse. Si es un automóvil, requieres investigar y conocer la forma de cómo adquirirlo y acercarte a la posibilidad de su obtención. Si es conseguir pareja, existen formas conocidas; puedes enterarte de ciertos procedimientos y aplicarlos. Lo que te quiero hacer entender es que te tienes que movilizar mentalmente en el sentido de lo que anhelas. Para todo en la vida se requiere *sabiduría*.

Si ya tienes el arquetipo de lo que buscas, la voluntad de conseguirlo, la sabiduría de cómo hacerlo, ahora te falta otro ingrediente indispensable.

Tercer Paso: Amor

Sin *amor* no se consigue nada en la vida. Tienes que amar ese proyecto que estás tratando de precipitar, desearlo con todo tu corazón y acariciarlo como lo mejor que pueda existir. Por ejemplo, si es graduarte en algo, ya debes tener el arquetipo de lo que deseas ser, la voluntad de ir a la universidad o instituto diariamente y cumplir con todas las materias y la sabiduría para conseguirlo. Ahora tienes que agregarle *amor*. El amor es ganas, entusiasmo, apasionamiento por ese arquetipo que formaste de lo que deseas precipitar. Por ejemplo puedes decir: "Yo amo y envuelvo en mi círculo de *amor* el arquetipo de fundar un centro de curación, ayuda o enseñanza para gente necesitada". Esto mismo es aplicable para conseguir un lugar donde vivir o una determinada suma de dinero. Pero aún todo lo que has hecho no es suficiente y te hace falta otro paso.

Cuarto Paso: Pureza

Esto consiste en que no mezcles elementos en el arquetipo, si deseas aprender a elaborar piezas de porcelana y estás en un curso, no puedes decir que ahora lo que quieres es bordar, o aprender a tirarte en paracaídas, eso sería "contaminar el arquetipo". Los arquetipos no se pueden contaminar, hay que mantenerlos en estado de pureza.

Si tu arquetipo es conseguir un auto con capacidad para cinco pasajeros, para que te quepa la familia, en medio de la persecución de tu objetivo no puedes ponerte a cavilar pensando que sería mejor comprar una lancha. Al contaminar el arquetipo se te desbaratan todos los pasos que diste anteriormente. Una vez hecho el arquetipo no puedes estar cambiándolo, hay que mantenerlo en estado de *pureza*.

Quinto Paso: Concentración

Uno tiene que tener su mente y sentimientos puestos concentradamente en el arquetipo que ha diseñado, sin distraerse ni abandonarlo. Si has creado el arquetipo de trabajar en una empresa de seguros, al rato no puedes estar pensado en trabajar de heladero; si decides estudiar piano después no te puedes cambiar a estudiar agronomía. Así nunca vas a lograr tus objetivos. Tienes que estar pendiente del asunto, ocupado de lo que estás precipitando, atento a ver si te llaman o te requieren en el lugar donde lo has aplicado, si te distraes y pierdes de vista el arquetipo será el derrumbe de tu proyecto de precipitación.

Sexto Paso: Ritmo

Tienes que visualizar el arquetipo y ver que ya se está manifestando y dar gracias a Dios porque ya se precipitó físicamente. Debes hacerlo con una frecuencia rítmica, esto es, en un tiempo, hora y minuto que tú establezcas; puede ser cada mañana o tres veces al día o cada vez que te acuerdes. Esto puede ir acompañado de la *Oración Científica* o los decretos oportunos para lo requerido.

Séptimo Paso: Provisión

Es el último de todos los pasos, es cuando se cubre de materia física tangible y visible, aquel arquetipo que formaste mentalmente en un principio y lo ves manifestado frente a ti. Recuerda decir: "Gracias Padre por esta precipitación" cada vez que estés gozando de lo que precipitaste.

Si ya conseguiste poner en práctica esta lección y precipitaste lo que tenías en mente y necesitas precipitar algo más, vuelve a comenzar el proceso desde el principio y así te irás rodeando de todas las cosas bellas y buenas que Dios tiene reservadas para hacerte feliz y tu mundo dejará de ser un valle de lágrimas para convertirse en un Paraíso.

Mientras más lo practiques, más diestro te irás haciendo, hasta que un día logres tal maestría, que podrás precipitar instantáneamente, esto es, que estirarás los brazos y las cosas aparecerán en tus manos sin el más mínimo esfuerzo, con el solo poder de Dios actuando por medio de tu pensamiento y tus decretos.

Ya conoces la técnica de la *Precipitación en Siete Pasos*, lo que tienes que hacer ahora es aplicarla y convertirte en maestro de esta ciencia.

HÁBITOS METAFÍSICOS

En el estudiantado metafísico existen hábitos que redundan en beneficios prácticos para aquel que los ejecuta de manera perfecta.

1° Hábito. Al levantarnos realizar la invocación o llamado a nuestra divina presencia *Yo Soy*. Esto puede ser realizado reflexionando en: "Yo Soy lo que Yo Soy".

2° Hábito. Antes de comer, bendecir los alimentos poniendo las palmas de las manos extendidas hacia el plato o la mesa. "Divina y Todopoderosa Presencia de Dios *Yo Soy*: Bendice estos alimentos y las manos que los prepararon y que sean convertidos en luz, amor y vida en nuestro cuerpo".

3° Hábito. Al poner el primer paso en una casa, ciudad o país, decir con el pie derecho adelante: "Yo Soy la luz aquí en expansión". Si es una casa también se puede decir "Dios Bendice este hogar".

4° Hábito. Antes de llegar a un país o ciudad, saludar y pedir permiso para entrar al *Guardián Silencioso* de dicho país o ciudad.

5° Hábito. Ir por la calle bendiciéndole el *Cristo Interno* a cada persona que veamos.

6° Hábito. Llevar siempre en el maletín o la cartera un librito de Metafísica para regalar, o dejar en las mesas de las cafeterías, en los taxis o asientos del metro y del bus, folletitos de instrucción metafísica. Comprando libros de Metafísica para regalar puedes pagar tu diezmo y al mismo tiempo realizar el mejor trabajo que se puede hacer por la expansión de la luz.

7° Hábito. Después de ser un foco de luz, bendición y positivismo para toda la humanidad durante todo el día, al llegar la noche, darle gracias a Dios por todo lo bello y bueno del día e invocar la *Llama Violeta* por todo lo negativo sucedido. "Yo Soy la Ley del Perdón y la *Llama Violeta* transmutadora que consume y disuelve todos los errores cometidos por mí y por toda la humanidad".

PASA LA VOZ

Si lo que se ha aprendido en Metafísica te gusta, te ha hecho feliz, te ha ayudado a resolver tus problemas, te hace sentir satisfecho con ella, y es lo que andabas buscando, puedes compartir esto que has aprendido con los demás, sean tus familiares, amigos, compañeros de trabajo y vecinos, siempre y cuando estén interesados en ella, ya que la Metafísica no se le fuerza a nadie.

No hace falta que seas un maestro ejercitado de Metafísica para comunicarla. Lo poco que sabes y has experimentado se lo puedes facilitar al que no lo sabe y le harás un gran bien a la humanidad.

FACILITADOR DE LOS POBRES

La humanidad que sufre y padece por las calles está necesitando que nosotros nos convirtamos o sigamos siendo Facilitadores para que les despertemos el *Cristo* que cada uno lleva dentro de sí. Si hacemos esta labor, le haremos un gran bien a esa gente, permitiéndoles, con el despertar del *Cristo*, que dejen de sufrir.

Facilitadores somos los que asumimos voluntariamente establecer el nexo entre el estudiante y la vivencia de las enseñanzas metafísicas.

Estamos dispuestos incondicionalmente a comunicar este desenvolvimiento crístico a todas las personas que sufren las *siete pobrezas*. La pobreza a la que nos referimos no está vinculada a la carencia de recursos económicos solamente, ni está orientada a solucionar la indigencia de alguien.

Cuando decimos "pobres" nos referimos a gente que, indiferentemente sean de alta o baja clase social, están enfermos externamente o internamente, con odio o fealdad, sea de cuerpo o alma, son ignorantes, mentirosos, agresivos, rencorosos, materialistas, de vida licenciosa, prostitutas, travestis o bien son simplemente gente sencilla sin ninguna de estas pobrezas pero que quiere aprender.

Esta pobreza que conjuramos a desaparecer es la ausencia de las *siete sabidurías*, a saber, la falta de desenvolvimiento de los *Siete Rayos* o aspectos de Dios: 1° mala voluntad, desconocer los Principios universales, poseer temor y debilidad; 2° ignorancia, distracción e incomprensión; 3° odio, ingratitud, intolerancia, inactividad; 4° impureza, indisciplina, depresión, retraso; 5° mentira, empirismo, inarmonía, enfermedad; 6° agresividad, belicosidad, carencia de recursos económicos; y 7° ataduras y rencor.

Ser Facilitadores de los pobres quiere decir que no litigaremos con aquellos que dicen saber espiritualmente de esto y de lo otro, ser discípulos de Maestros Ascendidos, estar en el camino de la ascensión o en el correcto sendero del chelado[1], ser sucesores o continuadores de algún maestro espiritual importante. Cuando estas personas sabedoras de asuntos espirituales se nos acerquen o nos

---

[1] En los círculos esotéricos se dice chela al estudiante y chelado al aprendizaje del chela.

contacten con el afán de hacernos correcciones, sugerencias o querernos cambiar, no discutamos con ellas, digámosle sí, para no pelear ni disgustarnos. Pero sepamos en el fondo del alma, que ellas no tienen nada que ver con nosotros y, como no las habremos de cambiar por la discusión, dejemos el asunto en paz, démosle nuestro amor y nuestro perdón. Tal vez a la larga sean ellos los que cambien, pero recordemos que no va a ser por lo que les digamos, sino por el ejemplo que les demos con nuestro amor hacia ellos y nuestra vida de servicio.

GRUPO

Los grupos son núcleos donde los estudiantes aprenden la Metafísica y a *Vivir en Relación*. Las Iniciaciones en la Nueva Era serán grupales. Todo el que desee servir a la humanidad, espiritualizarse, lograr su ascensión y fundirse en la consciencia divina habrá de ocuparse de la convivencia grupal.

Los grupos son centros de energía, especie de chakras o "campos de fuerza" por donde Dios y la Jerarquía Espiritual de Shamballa derraman sus energías benéficas a la humanidad como una especie de Grial donde las depositan para después ser distribuidas. Este trabajo es desempeñado por los Maestros haciendo uso de los decretos, canciones, enseñanzas y actividades de servicio de los miembros del grupo.

Cada grupo tiene un Maestro Ascendido (o varios), que es su "tutor" y aunque no se vea, él está en los planos invisibles, observándolo, protegiéndolo, inspirándolo y viendo de qué manera este grupo le resulta de mayor utilidad para el servicio mundial.

Un miembro del grupo que no sea un servidor mundial no es de ninguna utilidad para el grupo, el Maestro tutor del grupo y la *Jerarquía Espiritual.*

Nuestro grupo lo conformamos tú y yo, junto a ellos y toda la humanidad. Su sede es el planeta Tierra; su techo, el espacio sideral; las paredes no existen; su nombre es la totalidad.

A él pertenecemos todos los seres humanos. Por lo tanto, no hace falta ingresar, porque todos somos miembros. Nadie puede salirse de él, porque a donde uno vaya, el grupo está.

Es nuestro deber facilitarle a la humanidad las más altas enseñanzas del pasado, del presente y las que se darán. Somos la síntesis de toda la Sabiduría Espiritual de todas las edades.

Somos además el reflejo del conocimiento de la actualidad, y estamos abiertos incondicionalmente a las enseñanzas que en el futuro se revelarán. Practicamos el amor incluyente; no rechazamos a nadie, sea de aquí o de allá. Nuestros núcleos de trabajo o miembros en general pueden ser o denominarse ateos, buddhistas, cristianos, islámicos, hinduistas, jainistas, teósofos, rosacruces, herméticos, etc.

Todos son miembros de nuestro grupo; sus filosofías son parte nuestra ya, las denominaciones nos dan igual. Somos todos seres humanos realizando La Gran Verdad.

Creemos en la conciencia positiva, que **Dios dentro de nosotros está**, en la Ley del Perdón y del Olvido y en la comunión de todos los Santos, sean llamados Iluminados, Buddhas, Mahatmas, Maestros Ascendidos de Sabiduría, Compasión y Verdad. Creemos en el cumplimiento de las leyes, y en la vida eterna más allá de lo que se puede calcular.

Estamos conscientes de que todos los seres humanos podemos realizar el *Plan Divino de Perfección, de buena voluntad, sabiduría y amor, belleza y verdad, unión y libertad*. Nuestro grupo es todo el mundo. Extiende tu brazo ya al hermano más cercano para caminar al Templo Interno de la consciencia que es toda la humanidad.

Todo ser humano de cualquier raza, clase social, nacionalidad, religión o preferencia sexual, tiene derecho a participar en las actividades grupales donde se facilita la enseñanza Metafísica de desenvolvimiento interior.

Todo el que desee facilitar esta enseñanza lo dede hacer sin ningún tipo de distinción ni preferencia nacionalista, sexual, religiosa o racial.

Todas las actividades para facilitar esta enseñanza han de ser gratuitas y se sostendrán mediante una donación amorosa que se recogerá libre y espontáneamente al finalizar cada actividad.

En todo momento se respetará la libertad pública y privada de los participantes de las actividades de desenvolvimiento interior.

Todo núcleo de trabajo grupal tiene derecho a un Facilitador (no más de uno) que comunicará la enseñanza con una hora de duración, una vez a la semana en un mismo lugar (preferiblemente).

Todo lugar limpio, iluminado, silencioso, ventilado, de colores claros y armónicos es apto para facilitar la enseñanza. Se recomienda no usar lugares oscuros, lúgubres, calurosos o friolentos, ruidosos o propensos a la perturbación.

El salón donde se imparta la instrucción debe ser armonizado con música de *Llaves Tonales* unos minutos antes de que llegue el primer participante.

Todas las actividades serán de entrada libre y gratuita. Los gastos de la actividad deberán dividirse entre el número de asistentes y esta cantidad se pondrá en la bolsita de la "Donación amorosa" de forma libre y espontánea, sin presión verbal o psicológica.

Todos los participantes están llamados a colaborar en la adecuación del inmueble (esto es: colocación de sillas u otros requerimientos) para la actividad y luego de realizada la misma, deberán dejar el local en las condiciones requeridas por el que concedió el sitio.

Siempre se perseguirá el objetivo único y último de hacer libres mental, emocional y físicamente a todos los que asistan a nuestras actividades.

METAFÍSICA DEL TERCER MILENIO

Por Sebastián Wernicke

La "Metafísica del Tercer Milenio" tiene su base en la "Metafísica Cristiana" que Conny Méndez fundó en Caracas y que se encuentra en sus libros. Partiendo de estos linameamientos ha sido desarrollada, ampliada y enriquecida por Rubén Cedeño, quien aprendió esta enseñanza de los propios labios de su fundadora, y con sus viajes de investigación por el mundo a los lugares donde están las fuentes de las más serias escuelas del saber metafísico, como la "Actividad Yo Soy" en Mount Shasta, la "Fraternidad Rosacruz" en Oceanside y "The Self Realization" de Yogananda en Los Ángeles, todas ellas en California; el "Puente a la Libertad" en Long Island y la Sociedad Hermética para el Servicio Mundial, ambas en New York; La Sociedad Teosófica en Adyar y las fuentes del Buddhismo en Sarnath, Boddhagaya, Rajgir, Vaisáli y Kushinagar en India; los más ancestrales lamasterios en Tibet, Nepal y Darjeeling; los orígenes del cristianismo en Israel, Jordania, Turquía, Grecia y Roma; el egipcianismo y la religión copta en Egipto; la mitología griega y el cristianismo ortodoxo en Grecia; el confucianismo en Pekín, China; el Islam en Egipto, Turquía y Jordania; la cultura incaica en Perú, Ecuador y norte de Argentina; la cultura azteca, maya y tolteca en México. Ruben Cedeño ha conocido personalmente a Krishnamurti en India y a Israel Rojas en Bogotá, Colombia, de quienes recibió sus enseñanzas.

La "Metafísica del Tercer Milenio", además de las enseñanzas de Conny Méndez, por medio de la gestión de investigación de Rubén Cedeño, tiene incorporadas las siete obras originales del Maestro Saint Germain traducidas al castellano y compiladas dentro del "Sagrado Libro del Yo Soy". Así también, la obra completa de Emmet Fox en los dos tomos de "Metafísica Original"; las enseñanzas dadas por los Maestros Ascendidos al *Puente a la Libertad* y los requisitos explicados para las *Cinco Grandes Iniciaciones* en el libro "Shamballa y Nosotros". En el libro "Magno Libro de la Enseñanza" Parte III, se encuentran los *Planos de Manifestación y Esquemas de Evolución*, enseñados por los Maestros Ascendidos y actualizados.

El autor ha trabajado en la simplificación a "palabras sencillas" del "Bagavad Guita" y el "Sutra de Diamante" del Señor Gautama. También ha precisado, ordenado y compilado los *Retiros Etéricos* de los Maestros Ascendidos y sus *Llaves Tonales*. Del mismo modo, Cedeño ha trabajado la descripción de cada uno de los *Siete Rayos* en el Libro "Los Siete Rayos" y ha forjado las versiones del Reiki y el Feng Shui de la Metafísica.

La "Metafísica del Tercer Milenio", en su plan incluyente, hace conexión con las escuelas espirituales más serias que le antecedieron, como son la Teosofía, Rosacruz de Max Heindel, *Nuevo Pensamiento* de Emmet Fox, *Escuela Arcana, Actividad Yo Soy, El Puente a la Libertad*, además de establecer nexos con el hinduismo, buddhismo, Islam, sikhismo, jainismo, confucianismo, judaísmo y cristianismo, asunto expuesto en el libro "La Divina Metafísica".

La "Metafísica del Tercer Milenio", mediante la gestión pedagógica de Rubén Cedeño, ha ordenado todo su saber en programas de estudio, pedagogía y ética que se encuentran expuestos en los libros "Consideraciones" para uso de los grupos, "Facilitador de los Pobres" para los instructores y "Cartilla del estudiante de Metafísica" para los participantes. Posee su léxico explicado en el Diccionario Enciclopédico Metafísico.

Desde 1986 la "Metafísica del Tercer Milenio" realiza congresos internacionales cada año en un lugar diferente del mundo con la finalidad de dar a conocer sus últimas investigaciones, publicaciones y logros. No es una organización, y no posee personalidad jurídica ni director.

La "Metafísica del Tercer Milenio" conserva el símbolo que Rubén Cedeño creó para la Metafísica en 1970 y que Conny Méndez adoptó como insignia de la Metafísica con algunas pequeñas variantes. Consta de una Cruz de Malta con doce puntas entre cóncavas y convexas, sosteniendo en su centro un corazón rojo. De su parte superior surgen tres llamas: Azul de su lado derecho, Dorada de su parte central y Rosada en su izquierda. Cada una de las llamas son triples y con tres puntas. También conserva el "Yo Soy Perfecto" decretado por Conny Méndez como himno de la Metafísica.

La "Metafísica del Tercer Milenio" cuenta con más de once

editoriales. Dentro de ellas, cuatro son las encargadas de editar las actualizaciones e innovaciones: Editorial Manifestación, bajo la dirección de Rubén Cedeño y Rowena Victory a cargo de Lidia de Sousa, ambas en Venezuela; Editorial Plateada de Graciela Costantino y Editorial Porteña de Fernando Candiotto, en Argentina.

Todo el logro de la "Metafísica del Tercer Milenio" se debe a la gestión y ayuda de la *Jerarquía Espiritual* de Shamballa, la colaboración de sus editoriales y editores, Facilitadores y estudiantes, que día a día laboran en su sostenimiento y expansión.

Teléfonos de contacto:

- En Buenos Aires: 54-11-4372-1872
- En Caracas: 58-212-761-8383
- En México D.F.: 52-55-5664-1113

LITERATURA RECOMENDADA

Méndez, Conny, *"Metafísica Cuatro en Uno"*, Editorial Giluz, Caracas.

Fox, Emmet, *"Metafísica Original"*, Editorial Metafísica, Montevideo.

Saint Germain, *"Sagrado Libro del Yo Soy"*, Editorial Plateada, Córdoba, Argentina.

Papastauro, Tellis, *"El Libro del Conocimiento y la Ley"*, Editorial Señora Porteña, Buenos Aires.

Cedeño, Rubén, *"Magno Libro de la Enseñanza"*, Editorial Señora Porteña, Buenos Aires.

Índice

Dom Azul. fe fuerza protección   Morva
Lun Dorado Sabiduría Divina Inteligencia Kob f
Mart Rosa Amor
Mier Blanco Ascención y pureza
Juev Verde Verdad vida salud
Viern Oro rubí. Naranja provisión. pan $
Sab Violeta

Claves Bonales
alimento energético

Voluntad
dance 5 ryths kchg   Sabiduría
BroDance teach'n   Amor
drums muns snacks son.
(guitar. piano)

• better mood no nugtoRolf
more patrance

• Leo deja la teta

Se terminó de imprimir en Mundo Grafico S.R.L.,Zeballos 885,
Avellaneda, Pcia. Bs. As., en marzo de 2008.
mundografico_srl@yahoo.com.ar
Tirada 2.000 ejemplares

Concierto de Aranjuez.